水科技与可持续发展

总主编　欧　健　邓晓鹏
本册主编　宋　洁　吴能表

西南师范大学出版社
国家一级出版社　全国百佳图书出版单位

图书在版编目(CIP)数据

水科技与可持续发展 / 宋洁主编. — 重庆 : 西南师范大学出版社, 2021.6
ISBN 978-7-5697-0763-2

Ⅰ. ①水… Ⅱ. ①宋… Ⅲ. ①水环境 - 环境工程 - 关系 - 可持续性发展 - 高中 - 教材 Ⅳ. ①G634.981

中国版本图书馆CIP数据核字(2021)第037856号

水科技与可持续发展
SHUI KEJI YU KECHIXU FAZHAN

本 册 主 编: 宋 洁 吴能表
本册副主编: 罗 键 霍 静

责任编辑: 罗 渝
责任校对: 袁 理
装帧设计: 熊 熊
排 版: 夏 洁
出版发行: 西南师范大学出版社
地址: 重庆市北碚区天生路2号
邮编: 400715
印 刷: 重庆长虹印务有限公司
幅面尺寸: 185 mm×260 mm
印 张: 7
字 数: 173千字
版 次: 2021年6月第1版
印 次: 2021年6月第1次印刷
书 号: ISBN 978-7-5697-0763-2
定 价: 18.00元

编写委员会

总 主 编：欧　健　邓晓鹏

本册主编：宋　洁　吴能表

本册副主编：罗　键　霍　静

编 写 者：况忠锢　张兵娟　杨　姣　陈　宇
　　　　　易　琴　赵晓康　廖祥贵　范林佳
　　　　　郑　艺　吴春梅　李九彬　刘　轶
　　　　　王　权　刘　杨　代碧锋　马　特

序

新高考改革，出发点就是让学生拥有自主选择、自我负责的学习权。此种导向要求中学进行育人方式的变革，为学生开设生涯教育的课程，给予学生人生规划的指导，引导学生认知自己，明确自己的兴趣、性格、优势、价值取向，让学生以此为基础认识外界，更好地为自己设立生涯目标，并根据已拥有的资源规划实现目标。“遇见最美的自己”——基于综合实践活动的生涯教育系列教材，正是西南大学附属中学先于国家政策试点，通过不懈的实践探索，收获的基于综合实践活动推进生涯教育的特色研究成果。

如何通过生涯规划课程的学习引导学生学会自主选择，这一重要议题为我国教育改革与发展开拓了一个新的领域。“遇见最美的自己”——基于综合实践活动的生涯教育系列教材，从实践的角度架构了基于综合实践活动的生涯教育的基本框架，为服务于学生生成发展的育人模式的构建、学校教育品质的提升和学校实践改革的推进提供了重要启示，研究具有开拓意义。

第一，该套教材的目标定位和内容选择，是以“助学生找到人生方向”为根本宗旨，贯穿初高中，培养个体人生规划意识与技能，指导学生学会学习、学会选择，在充分认识自我和理解社会的基础上，平衡个人发展和社会发展的需求，初步设计合理的人生发展路径，促进个体生涯发展活动，提升生涯素养。

第二，教材的设计与安排，坚守“学生是学习与发展的主体”这一根本理念，不仅初高中分阶段相互衔接，进行了一体化设计，更重要的是通过活动为学生搭建主动选择的平台，以研究性学习、社区服务、社会实践、研学旅行、设计制作、职业体验等综合实践活动为载体，引导学生在活动中明确人生奋斗目标并激发生涯学习动力，而不是简单地为学生提供品类繁多的“超市商品”让学生选择。

第三，学校还开发了《传统武术奠基康勇人生》《食育与健康生活》《生物实践与创意生活》《数学视角看生活经济》《水科技与可持续发展》《乡土地理和家国情怀》等配套教材，结合校内外的学习实践和生活实践，将基于综合实践活动的生涯教育理论渗透到学科课程中，为学生生涯发展提供重要教育平台和资源，弥补学生社会经历缺乏、生活经验不足、实践体验机会太少等生涯教育短板，促进生涯教育过程性和动态性发展。主体教材和辅助教材相辅相助，将生涯教育和综合实践活动有效融合，让学生在沉浸式的体验中感知自己、认知职业、畅想未来。

第四，教材贴近学生，语言平实生动，联系初高中生活学习实际，通俗易懂；图文并茂，既有趣味的活动设计，又有学生实践的光影记录，观之可亲。学生可从课堂内的探索活动、课堂外的校本实践中深刻体验生涯力量，还可在教师的引导下从活动链接中习得生涯领域的重要概念及理论，为未来的生涯发展做好积累。

总体而言，整套教材以综合实践活动为基础，融入学科课程和劳动教育，以提升学生生涯规划能力为目的，不断强化适合生涯发展的认知能力、合作能力、创新能力、职业能力，力图帮助学生适应并服务于社会，获得终身学习、终身幸福的能力。

教书育人在细微处，学生成长在实践中。本套教材的出版，将丰富生涯教育的承载形式，为中小学开展并落实基于综合实践活动的生涯教育提供可借鉴的案例，有效加强中学生生涯教育，促进学生全面发展、终身发展和个性发展。希望广大学生也可以像西大附中学生一样“在最适合的时候遇到最美的自己”，希望更多的学校像西大附中一样“为学生一生的生涯幸福奠基，让他们成长为自己满意的样子”。

裴娣娜

（裴娣娜：北京师范大学资深教授，博士生导师，当代教育名家，中国课程与教学论领军人物，全国教学论专业委员会主任）

丛书叙言

寒来暑往，西南大学附属中学在生涯教育这片热土上已躬耕二十余年。多年实践让我们相信，学校的课程、活动、校本教材都应回到问题的原点：什么是教育？

教育，是将自然人培养成社会人的过程，是帮助每一个孩子认识自己、发现自己，让他既能成长为自己心中最美的样子，又能符合国家、社会对人才的需求。

因此，我们希望实现这样一种生涯教育：让学生有智慧地参与综合实践活动，从活动中生发智慧；让学生有德性地参与综合实践活动，在活动中完善德性；让学生带着对美的追求参与到活动中，在活动中提升创造美的能力。一个拥有智慧与德性、能够欣赏美创造美的个体，定然能够在瞬息万变的世界里立定脚跟，也能够在喧喧嚷嚷中细心呵护一枝蔷薇。

秉持这样的理念，我们编写了"遇见最美的自己"——基于综合实践活动的生涯教育系列教材，着力帮助学生更好地适应未来不同阶段的身份、角色。希望学习此书的孩子们，不必因为不懂自己、不明环境、不会选择而错失遇见最美自己的机会。请打开这些书，热情地投入到探索活动中，感知自己的心跳起伏，喜恶悲欣；细细品读每个生涯故事，观察他人的生活，触碰更多可能；更要在校本实践中交流碰撞，磨砺成长 ……这些书将是孩子们生涯成长路上的小伙伴，陪在身旁，给予力量。希望大家从此学会学习，学会选择，学会生活。

基于综合实践活动的生涯教育是为幸福人生奠基的教育。我相信，当每一个个体恰如其分地成长为自己所喜欢的样子，拥有人生幸福的能力，就同样能为他人带来幸福，为社会创造福祉，为国家幸福而不断奋斗！

欧健

（欧健：教育博士，正高级教师，西南大学附属中学校长）

《水科技与可持续发展》

序

水是生命之源，更是生态之本。习近平总书记2018年5月18日在全国生态环境保护大会上指出生态兴则文明兴，生态衰则文明衰。生态环境是人类生存和发展的根基，生态环境变化直接影响文明兴衰演替，加强生态文明建设，实现可持续发展是人类社会发展和进步的根本要求。水资源综合利用与保护不仅是环境可持续发展的重要组成部分，更是生态文明建设的重要内容。引导青少年关注身边常见却容易忽视的水环境污染和保护、水与可持续发展的关系，培养学生的环保意识和节水意识，提高水环境的质量，养成良好的环保习惯和社会责任感，有非常重要的意义。

校本教材可以弥补国家课程和地方课程的不足，在学校教学中有着重要的作用。它体现学校优势特色、校园文化，促进教师成长、发挥教师职业专长，适合学生发展需要、满足学生个性成长，是对国家课程和地方课程的必要补充和完善。基于综合实践活动的生涯教育校本教材《水科技与可持续发展》，立足学生生涯意识培养，在与人们生活、生命健康相关的水环境综合保护实践活动中发展学生核心素养，培养适应终身发展和社会发展的关键能力及必备品格。

《水科技与可持续发展》课程以激发学习兴趣、开拓视野、发展学生认知、合作、创新等综合能力为目标，在水资源利用及保护的科技活动中操作实现。本书介绍了水资源与人类相互依存的关系，水资源污染现状，水资源保护及综合利用的方法和技术，以及水资源保护相关的专业发展方向及行业内的学者专家，让学生对水环境保护有一个基本的认知，并在每节课后都设计了与本节内容相关的实践活动，在活动中通过亲身实践和体验加深对水资源保护的认识，检验课程能力目标的实践效果。本书虽然是知识拓展类的教材，但是在知识传授过程中没有生搬硬套，而是采用丰富多样的课程形式来增加课程内容的趣味性、互动性以实现教学目标，体现了编者的用心。另外，作为知识拓展类教材，本书还体现了学科融合的思想，以水资源保护为主线，涉及了语文、地理、生物、化学、综合实践活动等多学科知识，对于跨学科学习及知识整合能力培养有一定裨益。

最后，希望有志于从事环境保护领域研究的青年学生们好好学习，"乘风破浪会有时，直挂云帆济沧海"，为建设美丽中国打下坚实基础。

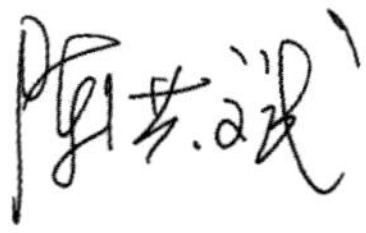

（陈洪斌：同济大学环境科学与工程学院教授，博士生导师）

目录

第一章
水生生态环境与人类社会

水是个体机体物质代谢不可或缺的物质，对人类社会而言，水又是自然资源的重要组成。我国历来对“水”推崇备至，诸子百家诸多作品中，蕴含着水是万物产生的本原的思想。《论语·雍也篇》：“智者乐水，仁者乐山。”在孔子看来“水”是智慧的代表，智者就像流动的水一样，懂变通，不拘一格。《老子》：“上善若水，水善利万物而不争，处众人之所恶，故几于道。”水无色无味，利于万物却不争，居于众人不愿意去的地方，最近于“道”。老子认为“水”懂忍让，凝聚力量，最终水滴石穿。《管子·水地篇》载：“水者何也？万物之本原，诸生之宗室也。”老子：“渊兮，似万物之宗。”他们在借助水来阐发自己的政治或哲学思想的同时，亦表现出人水和谐相处的思想。《庄子·逍遥游》：“且夫水之积也不厚，则其负大舟也无力。覆杯水于坳堂之上，则芥为之舟。置杯焉则胶，水浅而舟大也。”他认为，如果水的积聚不深厚，负载大船就没有力量。倒一杯水在堂上低洼的地方，只能拿小草作它的船，放上一只杯子就不能动了，是水太浅而船太大的缘故。《荀子·王制》：“水则载舟，水则覆舟。”水既能使船安稳航行，也可能使船倾覆，折射出水与人的和谐关系，合理利用水能给人类造福，一味滥用，最终会自食其果。《史记·河渠书》：“禹抑洪水十三年，过家门而不入”，其将黄河分流，减小水势，引水北行，流入渤海。我国古代为农业大国，农业的发展离不开水的灌溉，《史记·河渠书》载“西门豹引漳水溉邺，以富魏之河内”，即西门豹引漳水来灌溉邺郡的农田，使魏国的河内富裕。

北朝时期，具有极高文学价值的《水经注》，是我国最早最完善的一部地理学著作，《水经注》中记载了许多美景，真实展现了一幅幅和谐美好的自然风光。如初中语文教材中选编的《三峡》一文：“自三峡七百里中，两岸连山，略无阙处，重岩叠嶂，隐天蔽日，自非亭午夜分，不见曦月。至于夏水襄陵，沿溯阻绝，或王命急宣，有时朝发白帝，暮到江陵，其间千二百里，虽乘奔御风，不以疾也。春冬之时，则素湍绿潭，回清倒影，绝巘多生怪柏，悬泉瀑布，飞漱其间，清荣峻茂，良多趣味。每自晴初霜旦，林寒涧肃，常有高猿长啸，属引凄异。空谷传响，哀转久绝。故渔者歌曰：‘巴东三峡巫峡长，猿鸣三声泪沾裳！’”茂密的植被、清澈见底的江水、湍急的水流、高远的山谷，幽静的江岸传来猿鸣声，勾勒出长江流域优质的生态环境。

水，自有生命以来就与生命密不可分，水生生态环境维系着生态系统平衡，影响着人类社会的生存、繁衍与兴盛，还承担着航运、发电、城市建设等重要使命，所以保护水资源环境与水生生态系统和平共处，是维护人类社会繁荣安定的重要保障。

第一节　我国水资源简介

学与问

你所学古诗文中有哪些涉及“水”？现实中有哪些不利于水资源利用的生活现象？

一、水资源概述

水资源是指可资利用或有可能被人类利用的水源。水源最初是指河流的来源，但现在是指灌溉或饮用水的来源等，故而这里所说的水源应是符合一定质量要求，并有足够的数量来满足一定时间段内某一地区具体利用的需求量。

(一)水资源总量

大家都知道，地球表面的水占75%，人类可直接利用的水资源不到全球水量的3%，主要包括湖泊、河流、冰川、湿地、海洋、地下水。我国水资源总量丰富，位居世界第四。

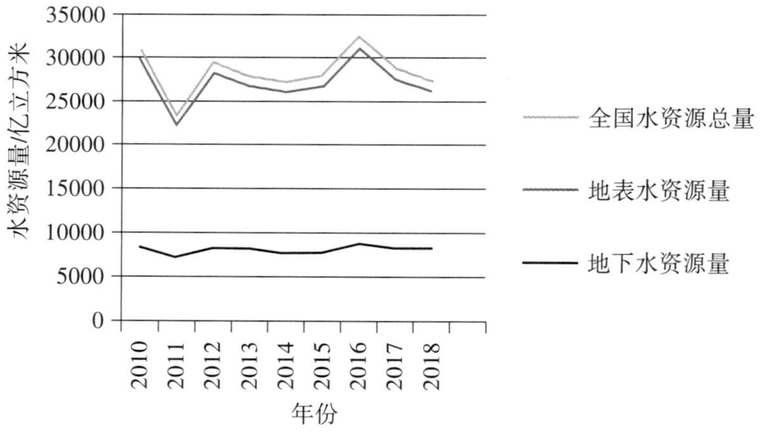

图1-1　2010—2018年中国水资源变化情况
（数据来源于中国水利部水资源公报）

图1-1为2010—2018年我国水资源变化情况，结果显示，2016年因降水量增幅较大，水资源达到新高度，其他几年水资源总量变化不大，基本持平。据水利部2018年水资源公报结果，当年全国水资源总量27462.5亿立方米，地表水资源为26323亿立方米，地下水资源为8245.5亿立方米，基本上与近年来的平均值相同，整体来说，我国水资源总量稳步增加。

(二)水资源体系

水系指的是由流域内所有河流、湖泊和其他水体组成的水系统。在《水经注》里记载了1252条大小河流,主要是我们熟知的长江、黄河、海河、淮河和其他流经各地的主要河流,还有各省的主要河流,以及湖泊、水井、溪流、潮汐、泉水和沼泽地等较小的水流,从而形成了从北到南的立体水源系统。

我们国家的“七大水系”,依次为:长江水系、珠江水系、淮河水系、黄河水系、海河水系、松花江水系以及辽河水系。所有河流的总和,也就是“河流水系”,是太平洋水系的组成部分。此外,水资源还包含有积雪、地下水、湖泊、冰川、海水与湿地。随着科学和技术的发展,人类使用的水、海水淡化、人为的催化降雨、南极冰的使用等都有所增加。自然水资源的数量并不等于可获得的水量,因此可以通过建造水库和地下蓄水层来扩大水资源的使用,以便对水进行再收集,或者通过回收和处理工业污水和家庭污水来使用。

思考与交流

我们的家乡重庆有哪些主要的水资源?

(三)水资源质量

根据中国水利部在2018年发布的水资源声明,全国共有262000千米的河流,Ⅰ~Ⅲ类水河长比例较2017年上升1.0个百分点,占评价河长的81.6%,劣Ⅴ类水比例下降1.3个百分点。124个湖泊评价显示,营养湖泊占26.5%,富营养化湖泊的比例为73.5%,相较于上一年,Ⅰ~Ⅲ类水质湖泊占比减少1.6%,劣Ⅴ类水质湖泊占比减少3.3%,富营养湖泊下降1.7个百分点,湖泊富营养化仍需治理。1129座水库水质评价,Ⅰ~Ⅲ类水质水库比例上升1.5个百分点,占比87.3%,劣Ⅴ类水质水库占比保持不变,富营养化占比增加了3.1%。31个省市自治区1045个集中式饮水水源地评价,水质合格率80%及以上的水源地占83.5%,较2017年上升1.2个百分点。

二、水资源存在的问题

(一)水资源总量丰富,人均占有量低

我们国家有许多河流和湖泊,水资源总量丰富。然而,由于人口基数庞大,加上经济发展,对水资源的需求也大幅度增加。与此同时,我们国家的水污染也相当严重。在七大水系中,珍珠河和长江仅有相对较好的公共水质,松花江、黄河和淮河略受污染,辽河和海河严重污染,这一系列因素造成我们国家人均水资源严重短缺。

(二)水资源分布不均

我国水资源南多北少,沿海多,而西北部少,南方4个省与北方4个省之间的分配差距更加显著。就像图1-2所示的一样:长江流域及其南部地区,占全国土地面积的五分之二以下,其水资源占中国总水资源的五分之四。淮河流域及其北部地区约占全国土地面积的五分之三,其水资源仅占中国总水资源的五分之一。北方6区的年降水强度不足400毫米,南方4区约为1200毫米。降水强度的差异导致了从北向南的不均匀水资源(见图1-3)。

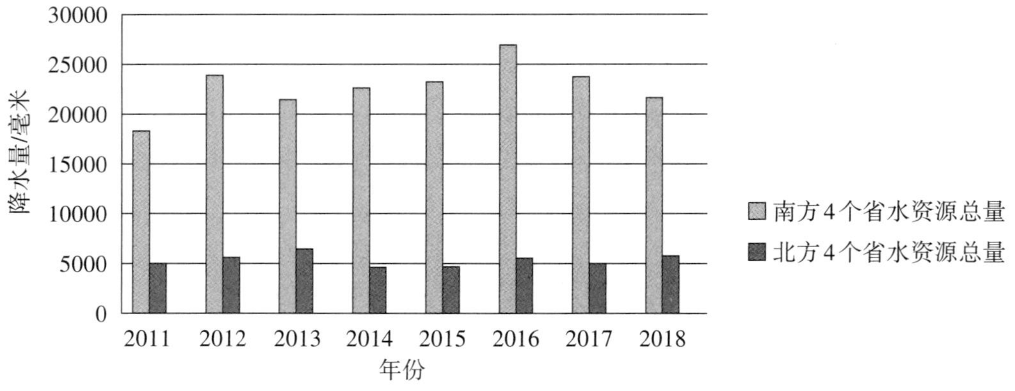

图1-2　南北方2011—2018年水资源量

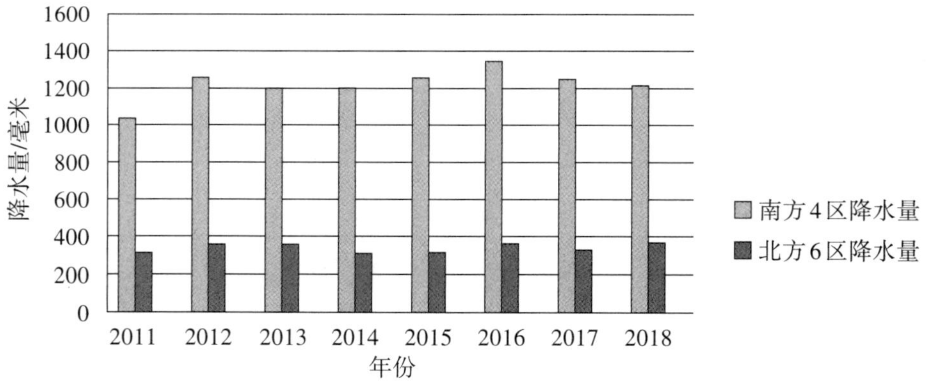

图1-3　南北方2011—2018年降水量

思考与交流

你可以想到什么办法解决我国南北方水资源分布不均这种状况?

(三)水资源污染严重

在追求经济利益的当前,水环境遭到严重破坏,人水关系已经变得严重不和谐。《水经注》记载的众多河流,曾经与长江、黄河、淮海并称为"四渎"之一的河流——"济水"只存在于典籍中,也只留下济南等与其有关的地名。

我国水资源污染，主要是废污水的排放下渗，污染地表水，从而导致水资源质量低下，污水也是由家庭污水、农业废水和工业废水造成的，由于处理不当，这些废水严重污染了水质，并使流入城市地区河流的水环境退化，过度开采地下水，我国地下水大幅下降，水质同步受到影响，不断恶化。

三、对策

（一）重视水资源宣传，增强环保意识

为了改善水资源和环境，全面发挥各种媒体的宣传作用，通过电视、报纸、地区宣传提高居民的环境保护意识，动员居民珍惜、保护和节约水资源是非常重要的。

《水经注》在记录水资源的基础上，提出了合理利用水资源的思想，其中就有大量神话故事，告诫人类不可污染水资源。面对严重的水环境危机，如河流污染加剧、湖泊消失和地下水枯竭，我们正在重新思考《水经注》提出的人与水和谐相处的理念，对于人们对自然的美好期望以及对破坏人类与水和谐的各种不合理行为的思考将是有益的。建设中国的水生生态文明将有助于我们实现人类与水和谐发展的目标。

（二）加强水资源管理，强化保护意识

防治水资源污染，政府要充分发挥执法者和监督者的作用。改善水资源产权管理制度，改进水资源应用管理制度，实现真正的水资源节约，不断监督水资源的吸收能力，利用水资源付费应用机制修改水资源管理和使用权制度，以确保水资源的生态建设真正受到相关规则和法律的制约。

（三）合理分配水资源和提高资源利用率

实施对水资源的长远规划，制定目标，进行细化，以达到保护水资源的目的。其次遵循公平、效率原则，分析各类目标，确定不同的用水条件，以市场环境为基础，从而改进和调整产业结构，通过科学合理地分配水资源，提高水资源的利用率。

调查与实践

了解家乡或学校周边水资源现状及存在的问题，以海报、PPT或研究小报等形式交流介绍。

第二节　水生态系统与人类社会

浏览一下世界地图，你就会发现人类活动的地方大部分都聚集在河流、湖泊或者海洋的附近，而世界上几乎所有的城市都建立在有水资源的地方，这说明人类社会的形成与发展要依赖于充足的水资源。

学与问

什么是生态系统？与人类息息相关的用水行业有哪些？

一、工业用水

工业生产必须要用到的水称为工业用水。使用量最大的为冷却用水，其次为洗净用水和产品处理用水。从工业部门看，以钢铁、化学、造纸、纤维工业等用水量大，而机械工业用水量较小。工业用水主要分为：

洗涤用水（冲洗各种工业加工品、清洗烟尘、稀释污水等）

原料用水（饮料、制冰等）

蓄热用水（锅炉用水、蒸汽等）

冷却用水（各种原料、半成品、中间体的载热体等）

工艺用水（溶解糖浆、造纸、印染用水等）

空调用水（纺织厂调整温度等）

水力用水（用水力采煤、水冲排灰、管道运煤等）

我国用水行业种类繁多，各行业的数量存在很大差异。工业包括制造业、电力热力燃气生产和供应业、采矿业这三大行业。根据相关用水指标，可将我国的用水行业分为高用水行业、潜在高用水行业及一般用水行业。我国把电力热力生产和供应业，化学原料及化学制品业，黑色金属冶炼及压延加工业，造纸及纸制品业，纺织业，石油加工、炼焦及核燃料加工业划分为高用水行业。

其中，电力行业消耗了全球约8%的水资源，电力生产的需水量在能源部门中占比最高，约为25%～80%，火力发电的取水量可占全社会用水量的40%以上。近年来，能源部门，特别是电力部门水耗研究成了研究热点。电力生产过程中影响用水量的因素众多：发电方式（如煤电、核电、太阳能发电、风电、水电、生物质能发电等）；冷却方式（如循环冷却、直流冷却、空冷、海水冷却等）；水源（如地表水、地下水、海水等）；环境影响（如温室气体排放、大气污染物排放、生态影响等）。

纺织业生产与水密不可分。所有化学加工、印染等都需要通过水浴来完成，所有纺织品生产的预处理，包括煮练、脱浆、丝光、漂白处理等都需经过水系统完成，同时纺织加工因耗水带来的污染也非常严重。整个纺织业每生产1千克产品耗水从10～200升不等。纺织机械的设备类型和纺织业水资源的再利用都会影响水的用量。

石油化工行业的各种物理化学反应，例如合成、分馏、分裂、提炼等工艺流程都需要用到大量的水，并且会出现大量的工业废水。石油化工废水具有很多特点，如成分比较复杂、数量巨大等，其不仅使我国水资源变得更为紧缺，同时因为废水中存在一些有机物质，导致生态系统出现严重失衡。

金属加工用水主要用于酸洗作业、轧制挤压作业、除油作业等工段，其中产生的废水包括含酸废水、含碱废水及废乳化液。金属制品加工过程中产生的生产废水存在水量随生产情况起伏、污染成分浓度变化大的特点。该生产废水由不同工序产生，情况复杂，若混合处理，很难将废水中污染物有效去除。

纸品制造用水主要集中在纸浆的制造，不同类型纸品的制造用水量也不尽相同。纸浆制造的流程主要包括备料、蒸煮、筛选、洗浆、漂白等工序。制浆造纸工业是用水大户，同时也是排污大户，每吨纸品从原料制浆至成纸耗用的水量都很高，而且再生水水质对纸张的品质有很大影响，所以限制了纸品制造业对再生水的利用。

思考与交流

我国高用水行业主要有哪些？可以采取哪些方式有效地控制工业用水量？

二、农业用水

农业是国民经济的基础和命脉，也是传统用水大户。我国农业用水量在我国总用水量中占比高达60%，有的地区甚至达到70%以上，但其中真正被农作物吸收的水约为1/4。农田灌溉水有效利用系数为0.43，远低于世界发达国家的0.8，平均灌溉水生产效率0.8千克/立方米，与世界先进水平2.08千克/立方米还有很大差距，以色列的灌溉水生产效率可达到2.28千克/立方米，显示着我国农业具有极大的节水潜力。

干旱缺水地区面积占我国国土面积的52%。水资源是干旱半干旱地区发展农业的最主要限制因素，一个地区农业生产得以持续稳定发展，有两个问题值得重视并应着重加以研究解决：一是寻求提高农田生产力和改善生态环境的新结合点，从区域全局角度确定农田产量目标和农业发展方向，综合考虑农业资源的可持续利用，经济效益与生态效益最佳结合的前提下确定适宜的增产幅度和合理的农业结构，而不是单纯追求单位面积产量的提高；二是寻求进一步挖掘降水生产能力的技术途径，目前只有30%～40%降水用于旱地作物。

我国主要分区典型作物有黄淮海小麦产区、东北水稻产区、长江中下游水稻产区、四川盆地水稻产区、内蒙古东部牧区、广西甘蔗产区和新疆棉花产区。随着节水灌溉工程建设的推进，喷灌、滴灌等节水灌溉技术广泛应用，“浇地”逐渐变为“浇作物”，农业生产方式发生深刻变革，灌溉用水效率显著提高。近年来，通过实施灌区续建配套与节水改造、小型农田水利重点县等项目，以及优化调整种植结构，农业用水效率大幅度提升，粮食稳定增产，保障了国家粮食安全。2017年全国粮食产量较2005年增加了28%，而农业用水总量仅增加5%。由图1–4可知，我国农业用水总量自2014年开始呈下降趋势，2017年降至3766亿立方米，实现负增长；同时，农业用水占总用水量的比例从2005年开始总体呈下降趋势，2012年以后呈持续下降趋势。

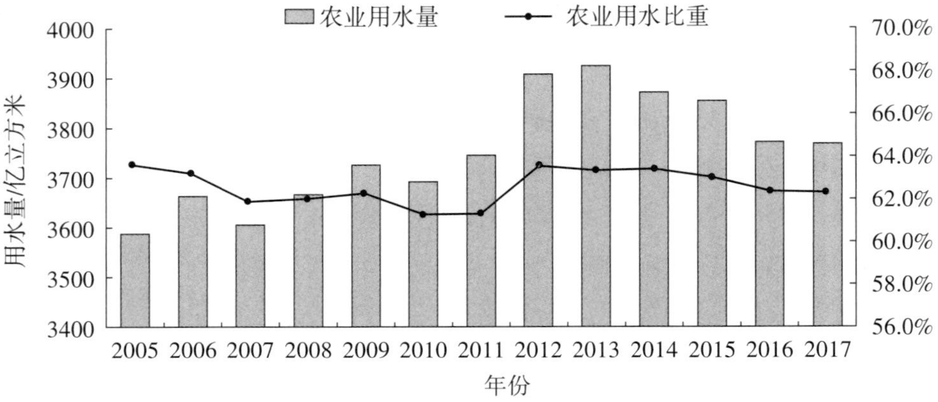

图1–4　2005—2017年我国农业用水变化

农业节水对水资源的分配与节约具有重要影响。提高农业节水措施主要包括：推进大中型灌区现代化改造、因地制宜推广节水灌溉技术、完善农业节水标准定额制定、强化农业取用水管控和评价、制定分区农业节水对策措施、加大节水新技术和产品研发力度、深化农业水价综合改革、加大农业节水宣传教育力度等。

三、生活用水

生活用水主要是家庭用水，还包括各种公共建筑用水和消防及浇洒道路绿地等市政用水。生活用水量标准按人计，单位为升/(人·日)，受城市性质、经济水平、气候、水源水量、房屋卫生设备完备程度、居民用水习惯和收费方式等因素的影响而变动。

居民家庭生活用水是城市生活用水的主要部分。北京市是个典型的缺水型城市。随着经济的快速发展、技术的进步，北京市用水总量控制在36亿立方米以内，但由于人口每年以60万人的速度递增，因此，生活用水总量仍呈上涨的趋势。(见图1–5)

我国城市绿化用水与农业用水类似，发展新型灌溉技术和制定各种节水举措是节约市政绿化用水的关键。消防用水量是根据火场用水量的统计资料确定的，是指扑救火灾时所需的消防供水强度。消防用水只在火灾时使用，但它在城镇用水量中占有一定的比例，历时短暂，尤其是中小城镇所占比例更大。目前，我国的消防用水以生活饮用水为主，而消防用水对水质要求没有生活用水高，这样就造成生活用水的极大浪费。从节约用水且保证消防用水安全可靠的角度，中水、循环冷却水、雨水都可以用于消防设施。

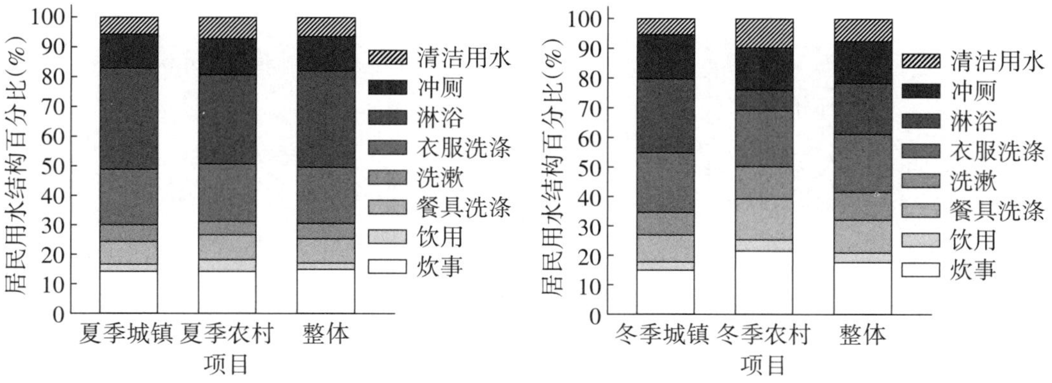

图 1-5　北京市居民生活用水结构

实践活动

家庭节水装置设计大赛

了解你家每月的用水量，家庭用水主要产生于哪几个方面？在家里开展节水实践活动，为家里设计一款节水装置，以实现水资源的循环利用。

优秀作品展示

作品名称：泡沫状节水水龙头

作者：王尚勤

指导老师姓名：李九彬，罗键

创作说明：以节水为目的的水龙头设计，主要思想是以同为流体的气体替代等体积的水。（见图 1-6、图 1-7）

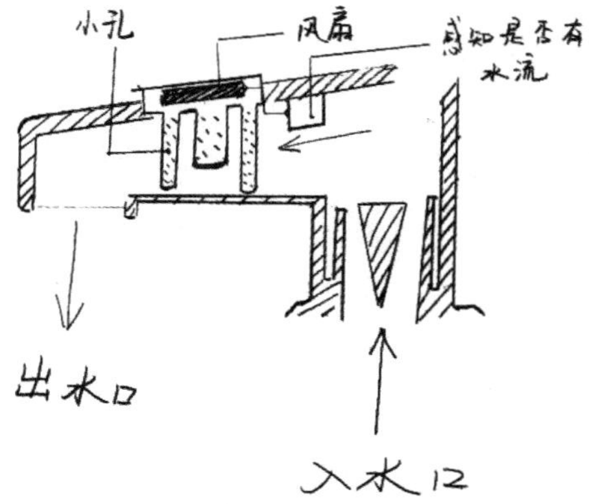

图 1-6　作品示意图

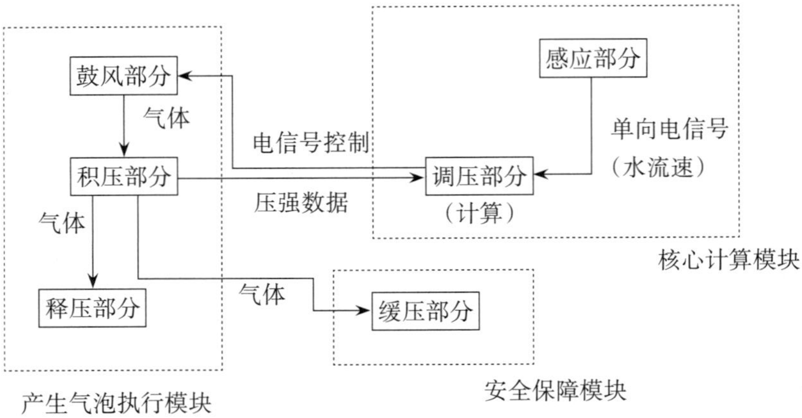

图 1-7-1　作品设计图

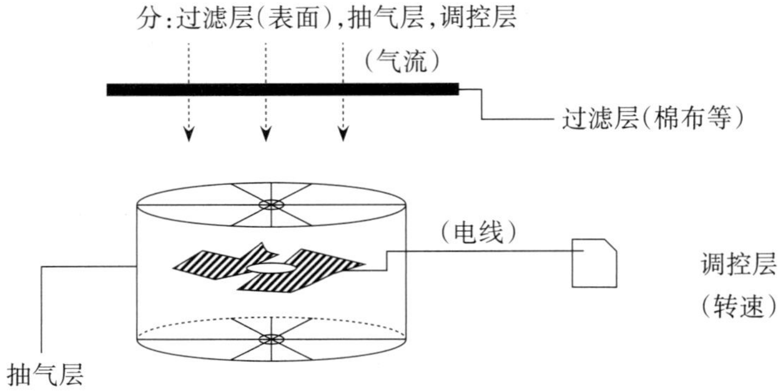

图 1-7-2　作品设计图

调查与实践

1. 用思维导图画出水与工业、农业、生产、生活等几个方面的联系。
2. 人类活动会对水生态环境造成哪些影响，举例说明。

第三节　水生态系统保护

水生态系统是指淡水生态系统和海洋生态系统的总称。淡水生态系统包括静水生态系统、流水生态系统和湿地生态系统三种类型。海洋生态系统可进一步分河口区、沿岸浅海区、沿岸上升流区和大洋区生态系统等类型。静水生态系统是指那些水的流动和更新很缓慢的水域，如湖泊、池塘、水库等，具有明显的成带现象，在水平方向上可划分为沿岸带、敞水带和深水带；流水生态系统是指那些水流流动湍急和流速较大的江河、溪涧和水渠等，具有水流不停、陆水交换多、氧气丰富的环境特征，其生物群落分急流生物群落和缓流生物群落两种类型;湿地生态系统是指地表过湿或常年积水,生长着湿地植物的地区。湿地是介于陆地和开放水域之间过渡性的生态系统,其水位通常会随着季节和年际变化而上下波动,它兼有陆地和水域生态系统的特点。

学与问

什么是生态系统?水污染对人类造成哪些危害?

一、水生态系统污染现状

(一)河流生态系统污染现状——以淮河流域为例

淮河流域位于我国东部,介于长江和黄河之间,西起桐柏山、伏牛山,东临黄海,南以大别山、江淮丘陵、通扬运河及如泰运河南堤与长江流域分界,北以黄河南堤和沂蒙山脉与黄河流域毗邻,面积27万平方千米,以废黄河为界,以南为淮河水系,以北为沂沭泗河水系,京杭大运河、分淮入沂水道和徐洪河贯通其间,沟通两大水系。

污染严重的河流主要分布在工农业及人口集中的淮河以北平原地带,淮河干流及流域内大多数水库、主要湖泊水质良好。淮河干流临淮岗以下接受沙颍河、涡河的大量污水影响,污染严重;主要支流中,颍河污染严重,自净功能基本丧失;涡河从付桥闸、东孙营闸到下游的蒙城闸段生态系统处于不健康状态,东淝河、淠河污染程度较轻,沭河太平庄闸上游河段遭受严重污染,生态系统脆弱。

淮河流域的水资源短缺由多种因素导致,并且影响生态环境用水。导致淮河流域水资源短缺的因素主要有:(1)自然因素。淮河流域耕地多,人口众多,人均水资源分配较少,加上降水时间空间不均,进一步加大了水资源的利用难度。(2)开发过度。2012年淮河流域地表水资源开发利用率为67.1%,平原区浅层地下水开采率为43.3%,淮河流域用水紧张程度已达到国际公认的高度紧张状态。其次,淮河流域大部分工业还处于粗加工阶段,部分农业灌区仍采用大水漫灌,用水效率相对较低。

淮河流域水污染严重,直接威胁水生态安全。水污染加剧了水资源的短缺,水生态安全受到严重威胁。该流域主要城镇实测废污水量逐年增加,主要污染物化学需氧量和氨氮入河排放量居高,同时来自畜禽养殖、化肥使用等的农业面源污染严重。重大的水污染事件对水生态有致命伤害,入河排放物排放量超过河流水体纳污能力和限制排放量,企业偷排以及突发事故造成水污染事件,发生突然、来势凶猛、有时污染物质难以确定,对水生态的危害非常大。

(二)湿地生态系统污染现状——以鄱阳湖为例

湖泊作为重要的湿地资源，既有调蓄洪水和调节局地气候的作用，也是人类生产和生活所依赖的重要水源，并且在维持生物多样性方面具有重要的意义。随着人类活动的影响，湖泊面积萎缩，一系列生态环境问题，如水质恶化、生态系统退化和生态服务功能丧失等逐渐凸显，湖泊生态系统的服务质量在逐渐降低，反过来对人民的生产生活活动造成了重要影响。

鄱阳湖作为中国第一大淡水湖和国际重要湿地，其丰沛的水资源量和强大的调蓄能力既能保护洄游性鱼类和长江流域生物多样性，也能调蓄洪水维护长江中下游环境安全，并对区域经济社会发展发挥重要的支撑作用。21世纪以来，鄱阳湖湿地生态环境出现了一些变化，表现为水文节律变化、水环境恶化和水生态退化等诸多问题。

鄱阳湖的水环境质量下降主要包括常规污染物和重金属含量的增加。表现为入湖污染负荷增加、水质下降趋势明显和局部水体富营养化趋势加重等特点。主要原因为江西省废水排放量逐年增加，其中工业废水排放量变化较小，而生活污水排放量在过去15年间增长了两倍。鄱阳湖水体和沉积物中浓度较高的重金属元素有Zn、Cu、Pb、Cd、Cr等，主要来源于矿山开采产生的重金属酸性废水、冶炼厂的排污废水、城市工业排污和水土流失造成的重金属污染等。现有的监测结果显示，鄱阳湖水体中主要重金属浓度均较低，满足国家Ⅲ类水质标准，但是近年来Zn、Cu、Pb含量上升趋势明显。水体和沉积物中的重金属在水生生物体内具有明显的富集作用，受重金属污染水体中鱼虾等生物体内重金属含量明显偏高，同时也能够对湖泊植物群落结构及生物多样性造成一定影响。

(三)海洋生态系统污染现状——以长江口海域为例

在十九大报告中，习近平总书记指出，要坚持陆海统筹，加快建设海洋强国。我国是海洋大国，海岸线漫长，所辖的海域广袤，蕴藏着十分丰富的资源，并且是我国非常重要的资源，具有很高的社会价值和经济价值，然而随着海洋资源的大力开发，海洋环境出现较为严重的污染问题。海洋污染问题的出现将会在很大程度上影响海洋资源的可持续发展。

海洋污染的来源有很多，首先是工业废水的排放，这与城市化发展进程的加快有非常紧密的联系。工业产生的大量污水未经严格处理就排放到海洋当中，对海洋环境造成了严重的污染。农业发展也对海洋环境产生了一定的影响，化肥、农药等渗入土壤中，破坏了土壤的酸碱平衡，同时也随着水土流失而进入海洋。生活污水的排放、固废的排放、核电站的建立、石油泄漏以及石油提取过程中的废物排放等，都对海洋环境造成一定的影响。海洋污染来源十分广泛，所以需要高度重视，加强污染治理，这样才能够从根本上改善海洋环境。

海洋污染主要集中在近海岸的城市地区。长江口是世界第三大河口，生态环境状况特殊。长江口海域在海洋水团的共同作用下水温状况复杂多变、营养盐丰富，磷酸盐、硝酸盐和硅酸盐显著高于我国其他河口海域。营养盐含量从近海向河口区逐渐递增导致河口海域成为高生产力区，并且长江水带来的营养物质孕育了大量的浮游生物和植物，同时为水生动物提供了良好的生活环境。但是随着人类活动的加剧，长江口海域的生态环境受到严重的影响，生态系统处于亚健康状态。

长江口海域生态环境状况整体较差，生态系统长期处于亚健康状态。长江经济带大保护虽然在长江干流上取得了显著成效，但对入海口区域产生明显影响，其主要原因是长江入海口区域水环境质量除了受长江来水影响外还与入海口自身的环境质量状况有关，且生态系统健康状况的总体向好相对于生态环境的治理过程往往存在滞后效应。长江口海域生态系统存在的主要问题是：海洋工程和人类活动干扰强烈、海水污染严重、低氧区长期存在、生境破碎化严重、水生生物群落多样性下降、外来生物入侵和赤潮频发等。

二、水生态系统的保护

1984年《中华人民共和国水污染防治法》审议通过，标志着水污染的防治在国家法律层面上有了严格的要求。2017年修正后的法案包括：总则、水污染防治的标准和规划、水污染防治的监督管理、水污染防治措施（一般规定、工业水污染防治、城镇水污染防治、农业和农村水污染防治、船舶水污染防治）、饮用水水源和其他特殊水体保护、水污染事故处置、法律责任、附则，共八章内容，从不同方面规定水资源的使用标准。

依据水污染防治法的内容，我国在水污染治理方面做出重要成就。根据2018年生态环境公报，我国水资源污染情况有了明显的改善。对于不同类型的水环境，其治理方案也有所不同，相关的专家学者通过研究给出了多种水污染治理措施。

以淮河流域水环境治理为例，淮河流域的生态环境保护对策主要有以下六个方面：(1)做好水资源保护规划。依照流域生态功能分区，结合淮河流域水资源三级分区，以水系为基础，按照流域与行政区域有机结合的原则，考虑国家在淮河流域确定的发展战略规划、流域综合规划、区域经济社会发展布局，水土保持区划以及流域水功能区划，从严格水资源管理为地方经济可持续发展提供支撑的角度，做好水资源保护规划，构建流域水生态安全格局。(2)实行最严格水资源管理。建立和完善水资源管理控制指标，纳入当地经济社会发展综合评价体系，建立考核制度。严格取水许可、水资源有偿使用、水资源论证等各项管理制度，控制淮河流域取用水总量，强化水资源统一调度；加快制定区域、行业和水产品用水效率指标，引导流域产业调整，优化用水结构，鼓励海水淡化和污水资源化利用，提高用水效率和用水效益；加强水功能区监测、预警和应急管理，严格入河排污口设置审批及总量控制，把限制排污总量作为水污染防治和污染减排工作的重要依据，对排污量已超出水功能区限制排污总量的地区，限制审批新增取水和入河排污口。同时应加强对用水总量控制、用水效率提高、水污染控制和改善技术的研究，多渠道、多方位促进水资源的合理开发、高效利用、全面节约、有效保护和科学管理，促进水生态系统保护。(3)合理配置水资源。一方面应根据水生态系统保护要求，明确河湖生态用水目标，研究建立水资源战略优化配置格局，强化水资源的统一调度，保证河流、湖泊的生态用水量；另一方面要优化闸坝运行调度管理，对于生态敏感期和敏感水域，充分利用水库和水闸对水资源的调节能力提高枯季河湖生态流量和水位，保障其最小生态需水要求；研究充分利用雨洪资源、流域调水工程的作用，维系受水区良好的水生态系统。(4)建设水生态保护和修复工程。综合运用调水引流、截污治污、河湖清淤、生物控制等措施，建设水生态保护和修复工程，实施退田还湖、退渔还湖，促进河湖休养生息，恢复和提升河湖生态功能。(5)加强地下水的保护。(6)强化综合管理和执法。

三、水生态环境修复技术研究进展

水生环境是重要的自然资源，不仅孕育生命保持生物多样性，而且能够调节气候，美化环境，同时是自然与人类之间的一个有效缓冲，保护好水环境是人类的重要责任。当前世界生态保护和环境治理已深入人心，人类在探索中结合先进的科学技术，运用物理及化学的多种方法进行水环境修复，取得了显著成效。

水环境修复是指借助于自然生物的自适应力和调节力以及人类技术外力的作用，改变污染水体的水质，根除水生环境中有害物质，恢复或提升水环境质量的技术总称。水环境修复技术在不打破固有水环境体系平衡的基础上，充分满足人类可持续发展对水环境作用的实际需求。

目前水环境修复的主要技术有：人工增氧技术、浮岛式植物滤床技术、生物膜净化技术、微生物抑制技术、底泥生物氧化技术等。

(一)人工增氧技术

人工湿地作为一项水污染控制技术，与传统的污水处理工艺相比，具有基建投资小、运行费用低、维护与管理简便、景观环境优良、生态安全性高、规模适应性强等优点，但是传统的人工湿地系统存在的问题日益突出，例如有机质积累、供氧能力不足、占地广、负荷能力低、有异味等。人工增氧型复合湿地能很好地解决这些问题。人工增氧技术利用鼓风机将空气推入输送管道，再利用空气管道将空气以气泡的形式在水体中由下而上地进行散发，从而将空气中氧分融入水质中，将水中的有害气体排出。

(二)生物浮岛技术

生物浮岛技术是利用生态工学原理,在受污染河道,用木头、泡沫等轻质材料搭建浮岛,以浮岛作为载体,在水面上种植植物,构成微生物、昆虫、鱼类、鸟类等自然生物栖息地,形成生物链来帮助水体恢复,降解水体的COD、氮、磷的含量,主要适用于富营养化及有机污染的河流。

(三)生物膜净化技术

生物膜净化技术是人们长期以来根据自然界中水体自净的现象,农田灌溉时土壤对污染物的净化作用以及有机物的腐败过程,通过总结、模拟而发展起来的一种污水处理技术,它以天然材料(如卵石、砾石及天然河床等)或人工合成接触材料(如塑料、纤维等)为载体,使微生物群体呈膜状附着于载体表面,通过与污水接触,生物膜上的微生物摄取污水中的有机物作为营养并加以同化,从而使污水得到净化。由于载体表面积大,可附着大量微生物,因此对污染物的降解能力很强。生物膜接触氧化法是生物—生态联合修复技术的一种主要工艺,其核心构件是生物填料,生物填料的材质和外形直接关系到生物膜量和处理性能。(见图1-8)

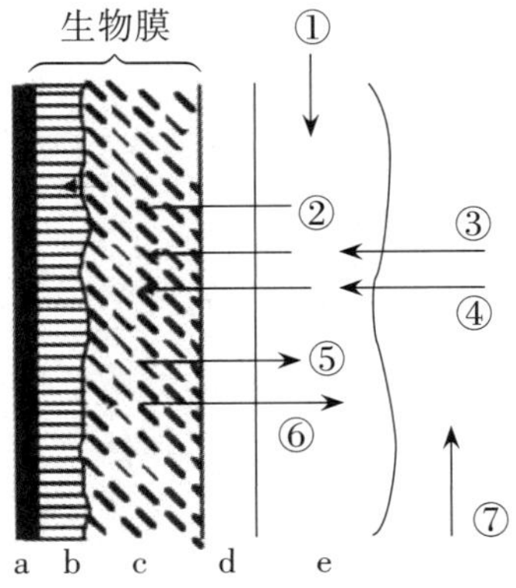

a.填料表面;b.缺氧层;c.好氧层;d.结合水层;e.水相

①受污染水;②有机物、氨氮等;③氧气;④二氧化碳、氮气;⑤无机物;⑥有机酸等;⑦空气

图1-8 生物膜净化技术

(四)微生物净水技术

作为整个生态系统中的分解者,微生物对水体污染物的去除和循环起着至关重要的作用,富营养化水体的污染物也是微生态制剂中有益菌类生长繁殖的营养物质。有益菌类利用环境所提供的营养物质生长繁殖,将营养物质变成自身物质的同时,也将大量污染物质分解成为水、二氧化碳、氮气等无害的物质归还到环境中去。在利用微生态制剂治理水环境的同时既不用消耗外界能量,又不会产生二次污染。微生物菌群投放在污染水体中能在局部形成优势菌群,引导环境微生物群向良性方向活动,并抑制腐败菌、病源菌的增殖,发挥其氧化、氨化、硝化、反硝化、解磷、硫化、固氮等作用,把水体中有机物迅速分解为二氧化碳、硝酸盐、氮气、磷酸盐等,从而起到改善、改良水质的作用。选育高效菌株的微生物制剂应用于水体改善,处理污染水体,通过微生物体内酶的作用,消除恶臭、分解淤泥、解磷除氮、净化水质、抑制藻类生长,达到控制富营养化的作用。

（五）底泥生物氧化技术

河道底泥是河道重要的内源污染，黑臭的污染底泥通过不断向上覆水体释放有机物和无机盐，使河道水质恶化；底泥耗氧是河道水体耗氧的重要组成部分，底泥耗氧加剧了河道耗氧速率，是河道水体黑臭的重要原因；底泥反硝化、甲烷化造成大量黑臭底泥上浮是河道水体黑臭的直接原因，底泥中的N、P营养盐释放容易引起水体富营养。同时底泥又是河道生态系统的重要组成部分，河道自净作用主要源于其稀释、固相吸附、生物分解等，其中底泥吸附和生物分解是河道污染物迁移和转化的主要形式，底泥对河道自净功能具有不可替代的作用。底泥生物氧化技术是将Fe、Cu、Zn、Co等微量元素，通过精准施药的方式投入到需修复的水环境底泥上，通过硝化和反硝化原理分解消除水体底泥和水体中的氨氮和耗氧物质，以达到修复水质的效果。这种修复技术有利于提升水质、治理顽固性水体污染，但在具体修复实施过程中无法预判药物对水质的影响程度，一般使用时需进行效益分析。

水环境质量事关生态体系健康和人类的可持续发展大业，加强防控水体污染、加快治理受损水质、综合衡量各类水环境修复技术的功效和特性并针对不同的水生环境现状选用最适宜的修复及治理措施、构建一个和谐均衡的自然环境体系，是我们当前的首要任务和责任。随着“绿水青山就是金山银山”“可持续发展”等理念深入人心，随着我国水净化技术的不断创新，我国在水环境治理方面已经取得显著成效。

职业探索

城市生活污水治理相关职业

与城市生活污水治理较相关的专业有环境科学、环境工程、环境生态工程、环保设备工程、资源环境科学、水质科学与技术、给排水科学与工程等。在读期间，学生需要学习的专业课程（以清华大学环境与工程系本科生课程设置为例）有：

工程技术基础课：机械设计基础、电工与电子技术、计算机文化基础、计算机程序设计基础、数据库技术及应用等。

专业基础课：有机化学、物理化学、物理化学实验、工程力学、工程结构、流体力学、环境学导论、环境监测、环境工程微生物学、环境工程原理、有机化学实验、仪器分析、仪器分析实验、生态学原理、环境化学、环境土壤学等。

可以发现，环境相关专业是一门多学科互相交叉、互相渗透的边缘性学科，涉及的专业领域十分广泛，既包括环境科学即理论层面的知识，也包括环境工程即技术方面的内容，是一门理论与技术、研究与应用相结合的新兴专业。

环境科学与工程类专业的毕业生可以选择政府环保系统的某些职位；在各类相关

的企事业单位、高校、科研院所等部门从事环境污染控制、环境技术开发、环境监测、环境管理与规划等的研究工作，还可以就职于工程师的岗位，例如环境工程师、环境监察人员、工艺工程师、资深环境设计师、环境高级研究员、环境管理技术员、环境影响评价技术员、水处理工程师、助理工程师等。除此之外，也可以从事企业的环境管理、环保设施运维、环境检测、环境核查等；从事环境工程设计、环保工程施工、环保工程运维、环境现场检测、环境检测实验室检测分析、环保行业分析等工作。

调查与研究

调查我们附近某一河流或者湖泊污染的特点，根据我们所学的内容提出一个生态修复的建议方案。

第二章
水环境中的不速之客——入侵物种

据世界自然保护联盟(International Union for Conservation of Nature, IUCN)资料显示,外来物种入侵是近400年中造成39%的动植物灭绝的罪魁祸首,在全球范围内,外来物种入侵已成为继环境污染破坏之后影响全球生物多样性的第二大危害因素。生物入侵已成为一个严重的生态问题,由此引发的一系列问题和全球生态环境的变化,引起世界各国的广泛关注。通过这一节的学习,同学们能够了解生物入侵的相关概念以及常见的水生入侵物种。

第一节　入侵物种简介

学与问

你了解什么是入侵物种吗?你所知道的水生入侵物种有哪些?

一、生物入侵

(一)什么是入侵物种

在特定的生态系统和栖息环境中,任何非本地区的生物都叫外来生物或外来种,生态系统中外来种的存在与人类活动息息相关。外来种是指那些只是居留在引入地,没有扩散到相邻地区,并不改变当地的群落外貌,能够维持生态系统功能的物种。并不是所有的外来种都会形成生物入侵,如果外来种进入引入地,发展为庞大的种群,并不断向周围地区蔓延,对当地生态系统的结构和功能造成严重的危害和深远的影响,这样的外来种叫作入侵种。所以,生物入侵是指生物由原生存地区经某种途径侵入到另一个新的环境,影响入侵地的生物多样性、农林牧渔业生产以及人类生命健康,并造成经济损失的过程。

(二)生物入侵的类型

水生生物入侵是生物入侵的一部分，主要涉及的物种为水生生物，涉及海洋、江河、湖畔、滩涂等水域。我国引进的不同区域的外来水生经济动植物达129种，包括鱼类、虾类、贝类、藻类等。我国水生生态系统中常见的外来物种主要有以下几类。

1.水生植物

水生植物包括浮游植物和水生维管束植物。

(1)浮游植物有洞刺角刺藻(Chaetoceros concavicornis)、新月圆柱藻(Cyclindrotheca closterium)、微型原甲藻(Prorocentrum minimum)、反屈原甲藻(P.sigmoides)、斯氏梨形藻(Scrippsiella trochoidea)、方格直链藻(Melosiar cancellate)、柔弱菱形藻(Nitzschia deicatissima)、微缘羽纹藻(Pinnularia viridis)、波罗的海甲藻(P.balticum)、冰河星杆藻(Alexandrum catenella)和多甲藻(Peridinium perardiforme)等11种藻类。

(2)维管束植物

在高等水生维管束植物中，外来入侵物种主要有凤眼莲，又名水葫芦(Eichhornia crassipes)；空心莲子草，又名水花生(Alternanthera philoxeroides)；互花米草(Spartina alterniflora)；大米草(S.anglica)等。(见图2-1)

图2-1　A.凤眼莲；B.空心莲子草

2. 水生动物

水生动物包括鱼类、爬行类、甲壳类、贝类等。(见图2-2)

鱼类：尼罗罗非鱼(Oreoch-romisniloticus)、食蚊鱼(Gambusia affinis)、银鱼(Hemisalanx prognathus)、麦穗鱼(Pseudorasbora parva)、鲹鱼(Afheriniformes)、食人鲳(Pygocentrus nattereri)等；

爬行类：巴西龟(Trachemys scripta elegans)等；

甲壳类：克氏原螯虾(Procambarus clarkii)等；

贝类：沙筛贝(Mytilopsis sallei)等；

其他：福寿螺(Ampullaria gigas)、非洲大蜗牛(Achatina fulica)、牛蛙(Rana catesbeiana)等。

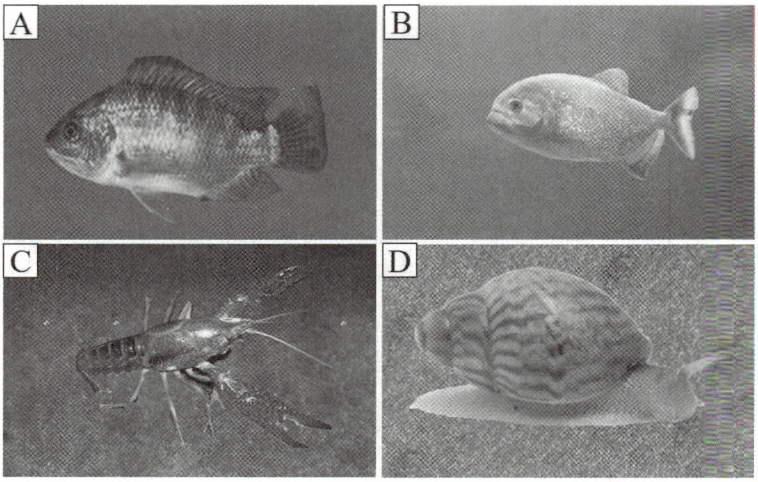

图2-2　常见的高等水生入侵动物

A.尼罗罗非鱼；B.食人鲳；C.克氏原螯虾；D.非洲大蜗牛

(三)常见水生生物入侵种

1. 凤眼莲

凤眼莲又称“水葫芦”，被称为“绿色污染元凶”“世界十大害草”之一，繁殖能力极强。20世纪中国台湾地区将水葫芦作为花卉植物从日本引入，随后将其作为猪饲料推广后大量繁殖，给河道航运、水产养殖带来了不小破坏，影响水生生态系统稳定，造成生物多样性的降低。水葫芦能够吸附重金属等有毒物质，死亡后沉入水底，构成对水质的二次污染。不仅如此，水葫芦不断疯长覆盖在水面，其腐烂易滋生蚊蝇，严重影响居民生活用水。据估计我国每年因水葫芦造成的经济损失接近100亿元，打捞费用高达5亿~10亿元。水葫芦不仅肆虐中国，全球范围内如北美洲、亚洲、大洋洲和非洲的许多国家都深受其害。

2. 空心莲子草

空心莲子草又称“水花生”，原产于巴西，20世纪初作为马饲料从日本传入我国华东一带。水花生主要生长在农田、鱼塘、空地、河道、沟渠等环境中。水花生具有发达的根系，繁茂的地上部分。据不完全统计，我国每年因水花生造成的经济损失高达5亿元。

3. 大米草

大米草是于1960—1980年间从英、美等国引进。经人工种植和自然繁殖，在沿海地区疯狂生长，覆盖面积越来越广，已经达到了难以控制的局面。大米草破坏了近海水生环境，导致沿海多种养殖生物死亡，破坏航道交通，影响水质，与本地植物竞争生存空间，威胁本地生物多样性，导致本地物种的消失等。

4. 克氏原螯虾

克氏原螯虾也称为淡水小龙虾，原产于北美，中国在20世纪30—40年代从日本引进，主要用作食物、鱼饵和宠物。克氏原螯虾常常混养在农作物中，可自然繁殖，不需要人工孵化，且繁殖迅速，适应能力强，捕捞难度大。对当地水生动植物造成威胁，破坏了当地的食物链。

5. 巴西龟

巴西龟又称“红耳龟”，被称为“生态杀手”，原产于美国中南部，在20世纪80年代引入。巴西龟是全球性的外来入侵种，是危险入侵物种之一。成年的巴西龟个头大，在争夺食物和栖息地等方面具有明显的优势，在高密度和多物种的竞争环境中适应性极高，同时巴西龟也能传播病菌，危害人类健康。

6. 牛蛙

1986年，我国中部和南部大量饲养原产于北美落基山脉一带的牛蛙。由于其具有较强的适应能力和较少的天敌，且繁殖能力强、寿命长等明显的竞争优势，入侵难度小，利于扩散。最终导致本地两栖类面临着减少甚至灭绝的危险，同时也威胁着某些昆虫种群。

实践活动

校园入侵物种通缉令

你认识以下几种物种吗？它们分别是什么，将名称填在图下括号中。你可以在校园里找到它们吗？你还在校园里发现了哪些其他入侵物种？以小组为单位，在校园内开展调查，并在校园入侵物种通缉令中记录下你们的发现。

（　　）

（　　）

(　　)

(　　)

校园入侵物种通缉令

名称	发现地点	物种简介	图片

二、生物入侵途径

并非所有的外来种都会形成生物入侵，严重影响到生态环境。一般而言，外来种成功成为入侵种要经历引入、逃逸、建立种群和造成危害四个阶段。外来种成功地从一个阶段进入到下一阶段概率极小。因此，最终成功的入侵种可能只占该区域外来种的千分之一。但是，人类的活动极大提高了外来种入侵成功的概率，比如有目的引进一些养殖或观赏鱼。因此，生物入侵的途径主要分为自然途径和人为途径。

(一)自然途径

自然途径入侵指的是生物靠自身的扩散传播或借助自然力量传入，这种传入往往是无意识的。水生生物能够通过压舱水进入到不同的水域环境中。如鲈鱼和蟹跟随压舱水传入欧美各国，成为优势群体；罗非鱼和七鳃鳗的成功入侵是利用修建亚利桑那中央运河和加拿大韦兰运河。“四大家鱼”的放养活动中也容易混入入侵鱼类；病毒、细菌

等原核生物能够根据自身生物学特性借助风、雨、河流等自然条件进行传播。(见图2-3)

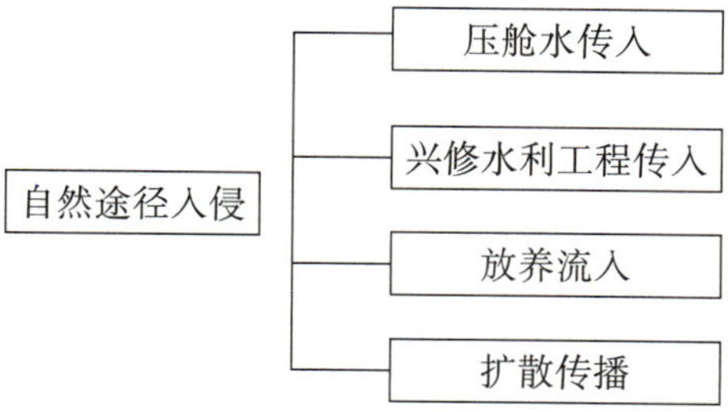

图2-3　自然途径入侵

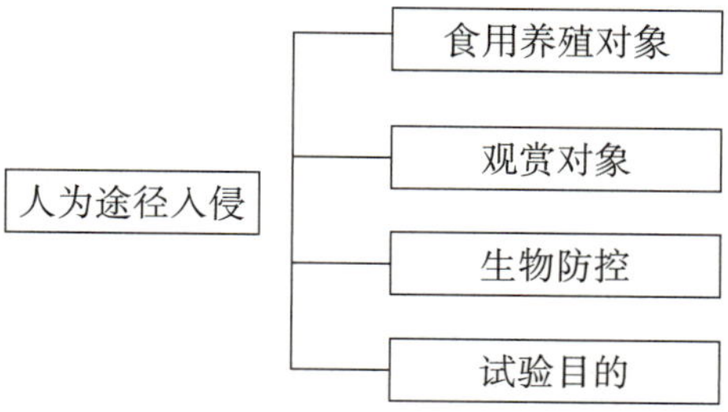

图2-4　人为途径入侵

(二)人为途径

人为途径入侵是指某些部门或个人,为了提高经济效益,提升观赏价值或者用于生物防治等,选择从国外或外地引入大量外来物种,但由于缺乏管理或相应的风险评估,导致部分物种变成了入侵物种。比如我们常见的罗非鱼、福寿螺等水生生物是作为养殖对象而引进的;在花鸟市场上常见的巴西龟、下口鲇(清道夫鱼)等作为观赏鱼引入,这些生物一旦逃逸到天然水域并大量繁殖,会给当地的生态环境造成破坏;罗非鱼、草鱼除了能够养殖食用外还能控制浮游植物,所以生物防治也成为入侵途径之一;我国原将克氏原螯虾作为试验材料引进,但后来却为生态环境的稳定带来了隐患。(见图2-4)

三、水生生物入侵的影响因素

从上述外来物种入侵途径出发,外来种从引入后到最终造成危害这一过程受到自身和外界环境的影响,我们将从以下几个方面对生物入侵的影响因素进行探讨。

(一)入侵种的生物学

不难发现入侵种生活　　　　是影响生物入侵的基础。入侵种的生理学特征如下。

1. 繁殖特性:部分入　　　　繁殖能力,能够迅速产生后代,或者进行无性生殖。比如克氏原螯虾和牛蛙属于繁殖能力超强的物种,不需要人工孵化就可以自然繁殖。

2. 传播特性:部分入侵种具有适应传播的特征,比如通过风力传播根系和种子。如水葫芦、水花生容易通过海水传播;薇甘菊等植物可能通过气流传入。

3. 耐受与适应性:大多数入侵种都对环境有较强的耐受力和适应性。使得外来种对本地种拥有竞争优势,威胁本地种的生存地位,达到成功入侵的目的。入侵种在抵达一个新的环境后,其形态和行为会发生变化,可能会向着有利于自身生存的方向不断进化,成为适应性强的入侵种。

(二)入侵地的特征

入侵地拥有适宜的气候、优渥的自然条件是入侵生物生存下来的关键因素。新环境中的自然条件如阳光、温度、水质、气候等对外来种影响巨大。若入侵地与外来种原来生活的环境相似,则外来种入侵成功的概率会增加,一旦生活的环境相差较大,那外来种入侵成功可能性会比较低。

(三)人类活动和全球变化的影响

人类社会活动和全球环境的变化在一定程度上加快了生物入侵的发生,既包括火灾、洪涝等自然影响,也有修建道路、垦荒、放牧等人为影响。研究表明,并不是所有的干扰都会对生物入侵产生影响,过强的干扰会降低生物多样性从而给外来物种入侵提供机会。人类活动的干扰往往会破坏生态系统的稳定,使得外来物种入侵变得更加容易。

纵观整个生物圈,物种分布与水陆资源随着全球气候带而改变,全球气候对生物入侵至关重要。气候环境发生变化导致某些外来种的入侵,这些外来种能迅速改变分布区或对环境有高度适应力。比如大气中二氧化碳含量增加,这在一定程度上减弱某些植物群落演替恢复力,从而加速外来植物的入侵。全球变化与生物入侵相互影响,全球变化促进了生物入侵,同时生物入侵在全球范围内影响了生态系统的结构与功能,最终对全球环境产生影响。

职业探索

了解与生物入侵相关的专业

在硕士研究生考试中,植物检疫与生物入侵专业的类别为农学,学科为植物保护。以华中农业大学为例,研究方向分为植物病害检疫和植物害虫检疫,考试科目有英语、政治、数学、化学、植物生理学与生物化学,复试科目为植物检疫学。

就业前景:该专业方向是为适应动植物产品国际贸易迅猛发展及有害生物的控制而设立的,以省级重点学科、省级重点实验室和硕士学位授权点为依托,培养掌握动植物检验检疫的基础理论和法规,具备进行有害生物的检测鉴定、控制有害生物入侵蔓延、综合治理有害生物的基础知识和基本技能的复合型高级科技人才。

科学大视野

中国生态环境部于2020年6月2日在北京发布的《2019中国生态环境状况公报》显示,全国已发现660多种外来入侵物种,71种对自然生态系统已造成或具有潜在威胁并被列入《中国外来入侵物种名单》。215种已入侵国家级自然保护区，其中48种外来入侵物种被列入《中国外来入侵物种名单》。

调查与实践

调查你家附近的池塘、溪流等水环境中，是否有教材中所提到的入侵生物，它所处的生态环境如何？拍照记录，以小组为单位查阅资料，撰写一份调查报告或制作PPT在全班交流。

第二节　对水生生态系统的影响

我国有着丰富的水生物种和多样的水生生态系统，但同时也是受外来物种入侵造成严重灾害的国家之一。水生外来物种可以通过自然途径和人为途径进入水环境中，破坏当地特有的水生生态系统，威胁当地特有的水生物种，造成日益严重的环境问题。水生生态系统包括海洋生态系统、淡水生态系统和湿地生态系统。海洋生态系统的开放性和脆弱性使得外来物种入侵严重危害海洋生态系统生物多样性。希望同学们可以通过本节的学习，了解入侵物种的危害及对水生生态系统的影响。

学与问

你认为水生生态系统对人类生活的影响大吗？你认为生物入侵对水生生态系统带来了哪些影响？

一、生物多样性降低

（一）对物种多样性的影响

入侵物种适应性强，能够排斥本土物种，通过竞争各种资源来抑制本土物种的生长和繁殖，甚至通过分泌化感物质威胁本土物种的存活，最终导致本土物种大量消亡，严重影响水生生态系统的物种多样性和物种结构。生物入侵种逐渐成为当地的优势种，进一步加快了处于濒危灭绝边缘水生生物物种灭绝的速度，改变了群落组成和栖息地结构，严重影响了生态系统的物种多样性，甚至改变了生态系统的能量流或物质流。

1.外来水生植物的影响

大米草引入我国后虽然表现出良好的滩涂改良作用，但它严重排挤其他物种。据统计，福建霞浦县沿海滩涂生物减少了90%，并导致近岸海洋红树林生态系统遭受破坏，滩涂的鱼虾贝藻等海洋生物大量死亡。水花生主要在田地、鱼塘、河道等环境中生长，入侵地大量繁殖的水花生排挤了本土植物的生长，影响了群落物种组成，导致生物多样性降低；农田中生长的水花生与农作物争夺阳光、水分、肥料、生长空间，造成农作物的减产。凤眼莲大量覆盖在河道、湖泊、池塘水面，水中溶解氧含量降低导致水生动物死亡，如云南滇池中凤眼莲的大肆“疯长”占据大量空间使大多数本土水生植物死亡。

2.外来水生动物的影响

沙筛贝——原产于中美洲的热带水域，在中国沿海地区大量出现。这种贝类具有很强的繁殖能力，经常占据海域养殖设施的表面，它与当地养殖的贝类竞争生存空间和诱饵，导致翡翠贻贝等产量急剧下降。河鲈从新疆额尔齐斯河引入到南部的博斯腾湖，导致最初分布在该湖的大头鱼灭绝。福寿螺随意摄食水生植物或藻类，威胁到水生植被的多样性。在稻田和湿地生态系统中，福寿螺啃食很多水稻幼苗的茎叶，尤其是幼苗，这在不同程度上损害了当地农田的生物多样性。福寿螺的入侵还威胁到水域中鱼类和贝类等水生生物的生存。中国台湾地区引进的巴西龟不仅捕食了大量小鱼、虾、蛙卵和蝌蚪等，还袭击本地乌龟，其他物种的生存空间和粮食资源受到严重威胁。克氏原螯虾要食用其他水生动物，减少了长江流域的其他水生动物的生存空间。

（二）对遗传多样性的影响

遗传多样性是进化和适应的基础，物种的遗传性与适应环境的能力成正比。外来入侵物种与本土物种杂交，改变本土物种基因在生物群落基因库中的比例，使得本土物种的基因被入侵物种“稀释”或遗传同化，导致遗传上的本土物消失。例如我国的鲤鱼种群，各种群之间杂交，造成了现有鲤鱼种群的混杂，影响鱼类产品的品质，引起鱼类优良品质的退化。在陕西省黄河流域，由于黄河鲤鱼与外来引入的德国镜鲤、建鲤和乌克兰鲤鱼等的杂交，导致黄河鲤鱼的种群混乱及衰退，致使一些特有基因的丢失。原生物种种群规模的减少会导致遗传漂变和近亲繁殖，而杂交种对环境的适应性较差，极大提高遗传污染概率，导致遗传多样性的丧失。

（三）对生态系统多样性的影响

生态系统中不同生态位组成的生物物种具有不同的生态位幅度。生态系统中存在两种不同的生态位，一种是已经被占据的生态位，另一种是还未被利用的生态位。比如在水生生态系统中，当入侵物种与本土物种发生竞争时，入侵物种占据的是较为脆弱的基础生态位，这些还未被利用的生态位就被纳入生态位幅度范围内。与本土物种相比，入侵物种对生存所需的环境、营养有更高的适应性，可以侵占本土物种不能利用的基础生态位，因此入侵物种具有更宽的生态幅，在竞争生存空间、营养物质等方面具有更大的优势，因而会减弱生物群落的功能，降低生态系统多样性。

二、改变水资源环境

（一）堵塞航道，影响水上交通

1960—1980年，为保护滩涂，我国从国外引进大米草。近年来大米草在沿海地区疯狂生长，覆盖面积达到了难以控制的局面，严重破坏了沿海生物的生存环境，造成大量生物消亡，堵塞航道。水花生的入侵严重破坏了湿地、草坪等景观。克氏原螯虾居住在淡水江湖大坝周围，一旦种群密度过高，其挖掘的洞穴可引起大坝漏水，造成溃堤风险，带来巨大的安全隐患。

不仅我国海域会受到入侵物种的困扰，在美国和加拿大之间的淡水湖泊也同样存在该困扰。目前，五大湖周边48个州中的44个都出现了欧亚狐尾藻，严重影响着脊椎动物和无脊椎动物群落。欧亚狐尾藻的出现降低了浮游生物丰度，同样影响了水体营养物质含量和水体透明度等。此外，当地的软体动物数量不断减少，工业管道也时常出现堵塞现象。

（二）引发赤潮，破坏水环境

外来藻类过度繁殖生长所引发的赤潮，对当地水环境质量造成了严重的影响。近年来，我国沿岸海域一带赤潮灾害不断加剧，对当地的经济利益、生态环境和自然景观都造成了一定影响。1998年，棕囊藻赤潮在我国首次出现，由球形棕囊藻引发的赤潮在我国所频发的赤潮中占据重要地位，对生态系统的结构和功能带来巨大影响。同时，球形棕囊藻赤潮发生期间所产生的毒素抑制鱼类的生长，加上水体缺氧导致大量鱼类死亡，对原有群落结构和生态系统的稳定性造成了极大威胁。（见图2–5）

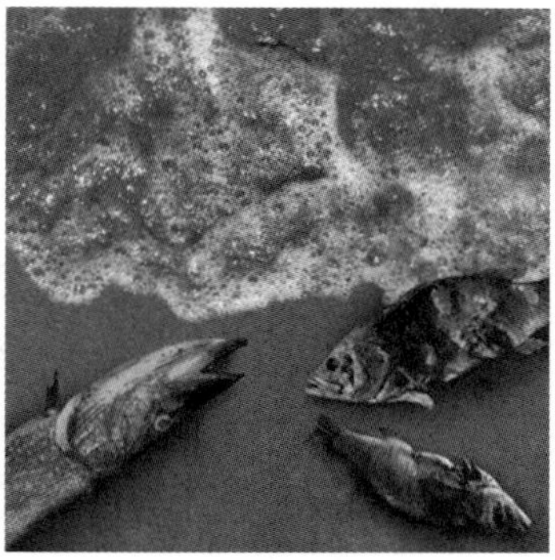

图2–5　赤潮

（三）污染水质，影响自净能力

生物入侵后，打破了当地物种与原有生态系统之间的动态平衡，导致水域生态系统中营养等级的变化、水体自净能力降低、土著鱼类栖息地质量下降等严重后果。滇池水体的富营养化给水葫芦无节制生长繁殖提供了很好的条件，水葫芦疯狂生长形成漂浮的植毡层，造成水体流速下降，pH值降低，水体中溶解氧浓度降低和二氧化碳浓度增高，使水体变黑变臭，水生动植物因无法生存而大量死亡。同时，由于其能够吸附重金属等有毒物质，死亡后会沉入水底分解，造成对水质的二次污染。

在贵州的草海，水花生泛滥成灾，最终导致大量水生动植物的死亡，加上不及时处理造成的腐烂变臭，极易成为蚊虫产卵的场所，滋生大量的蚊蝇，危害到人类健康。同时，释放的氮、磷等有机物质造成了水体富营养化，水中有机质含量的增加促进了微生物的生长，增加了水体中生物耗氧量，最终导致了鱼虾等水产生物会因溶解氧的消耗而死亡。

一些入侵物种不仅会消耗水中的溶解氧，其排泄物还会对水体造成污染，使水体的浊度、总氮、总磷含量升高，导致水质恶化。

(四)威胁珍稀生物的生存环境

大量繁殖的外来物种在腐烂后会对湿地的水体、土壤造成污染，破坏水生生物和陆生生物的生存环境，使一些生物因不适应环境而消亡。草海湿地生态系统中水生动植物资源的减少破坏了固有的食物链，导致鸟类食物来源减少，栖息地破坏，最终威胁到黑颈鹤等珍稀鸟类的生存。

三、引入疾病，危害人类健康

(一)病毒入侵

病原微生物包括病毒、细菌和寄生虫，是重要的外来有害生物之一。多种病原菌和寄生虫会随着外来物种的入侵对当地水域造成严重的影响。比如，虹彩病毒随着引入美国青蛙而进入我国，对入侵水域的鱼类构成严重的威胁。

在我国，广泛引种鱼类使许多区域性病虫害成为全国性疾病，比如，草鱼的细菌性肠炎和九江槽头绦虫病。又如，在引进虹鳟的同时，三种传染性疾病——病毒性出血性败血症、传染性胰脏坏死病和传染性造血器官坏死病也被带入国内，加上国内地区间频繁的调苗运卵，使危害蔓延到全国各地。

(二)相关疾病入侵回顾

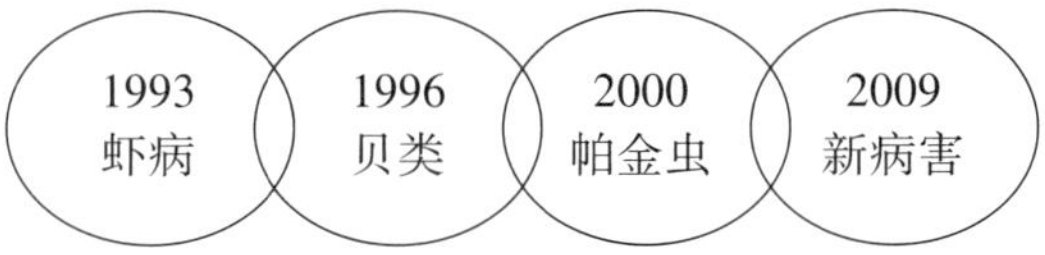

图2-6　病虫害的引入

1993年，我国引进了带病毒的虾苗，导致大规模爆发虾病；1996年，我国北方贝类养殖品种栉孔扇贝不明原因发生大规模死亡，这与当时大规模引进外来养殖贝类有很大关系；2000年，无意引入的帕金虫导致我国北方养殖菲律宾蛤仔大规模死亡。2009年我国记录水生动物病害共计148种，其中超过半数是1980年以后出现的新病害，造成的直接经济损失达到上百亿元。病害不仅对水生生物造成影响，还会危及人类健康。如巴西龟体内携带沙门氏杆菌等病原体，其通过粪便、土壤和生活用水进行传播，对入侵地的其他物种和人类健康都造成威胁。(见图2-6)

实践活动

自然笔记创作——入侵物种专题

自然笔记是用书写大自然笔记、手绘自然景物这种简单的图文并茂的方式，在与一草一木的“交流”中，感恩自然，感悟生命的伟大、智慧，学会与万物平等、友善相处，营造爱物知恩、节用惜福的良好社会风尚。

以一种入侵物种为主题，在一张A4纸上，用图文并茂的形式记录下你的所见所闻所想。

我校自然笔记作品示例：

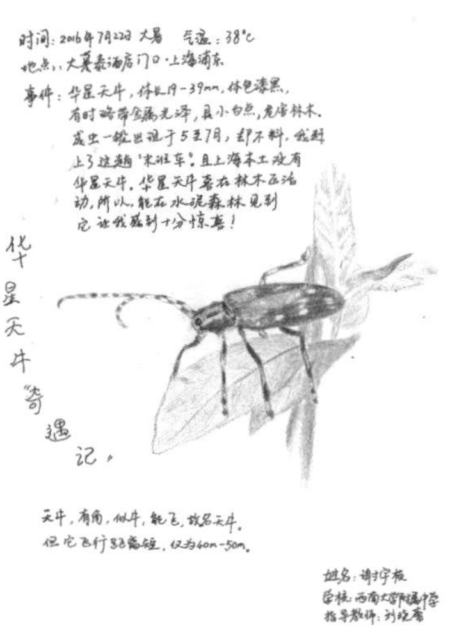

图2-7 《华星天牛“奇遇记”》

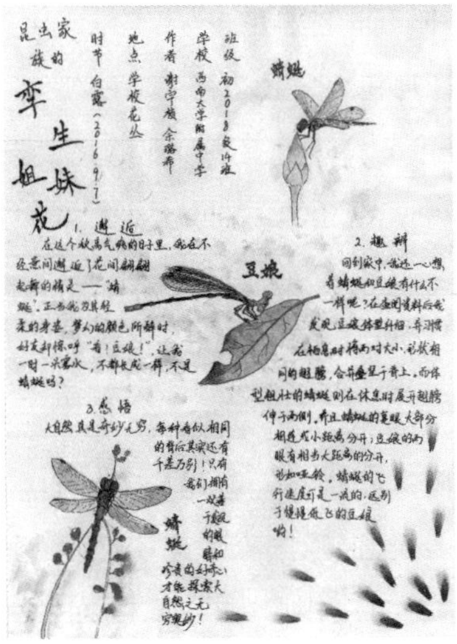

图2-8 《昆虫家族的孪生姐妹花》

科学大视野

世界自然保护联盟是世界上规模最大、历史最悠久的全球性非营利环保机构，也是自然环境保护与可持续发展领域唯一作为联合国大会永久观察员的国际组织。1948年在法国枫丹白露（Fontainebleau）成立，总部位于瑞士格朗，亦作为“国际自然与自然资源保护联盟”。

联合国环境规划署（UNEP）中文简称“环境署”，是联合国系统内负责全球环境事务的牵头部门和权威机构，环境署激发、提倡、教育和促进全球资源的合理利用并推动全球环境的可持续发展，其总部设在肯尼亚内罗毕。

国际环境问题科学委员会（Scientific Committee on Problems of the Environment，简称SCOPE）由国际科学联合会（ICSU）发起，是由关注全球环境问题的自然和社会科学领域的专家组成的综合体。

职业探索

外来入侵物种的动态监测——遥感监测技术

遥感监测就是用仪器对一段距离以外的目标物或现象进行观测，是一种不直接接触目标物或现象而能收集信息，对其进行识别、分析、判断的更高自动化程度的监测手段。

它最重要的作用是不需要采样而直接可以进行区域性的跟踪测量，快速进行污染源的定点定位和污染范围的核定（如海洋石油污染、水域热污染等），以及生态环境状况调查等。对环境污染进行遥感监测的主要方法有摄影、红外扫描、相关光谱和激光雷达探测。国内外的研究表明，3S技术可应用于外来入侵物种的动态监测，进而为入侵物种的控制与管理提供科学依据。

遥感（remote sensing，RS）；地理信息系统（geographic information system，GIS）；全球定位系统（global position system，GPS）

第三节　生物入侵的开发和利用

水生生物入侵对我们赖以生存的自然和人工生态系统造成了严重的危害，防治水生外来种的入侵，保障国家生态安全已经成为普遍的共识。防范生物入侵一般采取预防与防治相结合的原则。通常来说，更为行之有效的方法是加强外来物种入侵前的预警，相比入侵后的控制更加有效，造成的影响更小。如何控制已经入侵的外来种？如何将它们变成资源加以利用？这是我们需要思考的问题。通过本节内容的学习，同学们能够了解目前控制生物入侵的措施以及入侵种的开发与利用。

学与问

你对于生物入侵的防治有什么好的想法？你知道身边防治生物入侵的实例吗？

一、水生入侵物种的控制与防治

当发现某水域环境已经发生生物入侵时，需要立即采取防控措施，将影响和成本降到最低。控制的手段既要有效、环保，也应该在道德法律范围内，不能对本地物种与人类健康造成危害。目前，我国主要采用多种防治方法综合治理，措施主要包括：人工防治、机械防治、化学防治、生物防治等。

(一)人工防治方法

人工防治指的是人工对外来动植物进行捕获或打捞。人工打捞适用于刚传入还没有大量繁殖的入侵物种。人工打捞可较短时间内清除有害植物。但对那些已沉入水底的植物或埋在土壤中的植物种子,人工防治的效果并不明显。进行捕获或打捞后需要妥善处理动植物的残体,阻断它们成为新的传染源。

(二)机械防治方法

机械防治指的是利用专门的机械设备清除有害植物。机械防治可在短时间内迅速清理某范围内的水生外来植物,且对水环境无危害。在非洲等地使用机械渔船控制水葫芦等水生杂草取得了一定成效。机械防治只在一定程度上是有效的,我国昆明市为清除滇池水葫芦设计了一艘机械打捞船,福建省为控制大米草制造"割草机",都由于其工作效率低下、操作复杂等原因未能大范围推广使用。

(三)化学防治方法

化学防治是通过喷洒化学试剂的方法来杀灭有害生物,这样也会杀灭许多本地水生生物。一定比例的杀虫剂能有效地清除水葫芦等入侵植物,但是化学防治也有其缺点,反复使用容易使入侵物种产生抗药性,化学残留还会对环境造成污染,从而造成二次污染。

(四)生物防治方法

生物防治是指引入入侵生物的天敌将有害生物的种群密度控制在安全范围之内,以保持生态平衡。我国在治理水葫芦找到经验,研究发现,象甲作为水葫芦的天敌能够抑制水葫芦的生长。生物防治因防治持久、成本低廉的优点,成为化学防治与人工防治后一种有效的防治方法。

(五)综合治理方法

单独应用任何一种防治方法都难以达到安全、持续、快速的防治效果,所以将生物、化学、机械、人工等结合起来,发挥各自优势,弥补各自不足,达到综合控制入侵生物的目的。但综合治理需要将各种技术有机的融合,并不是简单的重合相加。如水葫芦治理过程中,采用综合治理方法,在水葫芦处于苗期时,就实行打捞特别是对中上游河道的水葫芦进行清理。其次,在必要时,可适当地使用除草剂,这样能够保持生态平衡,保护环境,降低防治成本。

二、水生生物入侵防治对策

目前,水生生物入侵防治形势十分严峻,原因有两点:第一,水生生物入侵与陆生生物入侵相比，前者隐蔽性更强，更容易爆发。第二，水生生物入侵治理措施，效果不显著，一旦成功入侵大面积扩散，清除工作的难度加大。因此，拒绝有害外来生物踏入国门，是治理水生生物入侵的第一道防线。

（一）制定法律法规，建立管理机构

防治生物入侵的基础是立法，制定专门的法律法规能从国家层面提高对生物入侵的重视。法律法规明确管理的对象、内容、权利和责任，特别要对那些有意引进外来物种的行为加强立法。从我国实际情况出发，我们可以借鉴国外的经验，修订现有的法规；对有意造成的生物入侵，也应建立相关制度，追究责任。外来入侵物种的管理是一项长期而艰巨的任务，涉及多个部门合作，需及时沟通协调各部门工作，提高我国外来入侵物种管理效率。

（二）建立评估体系，强化物种监控

建立专门的评估机构是防治生物入侵中的关键环节，这直接决定了物种能被引入，这也需要国家部门与科研机构的合作，一个科学的评估体系由4个方面组成。（见图2-9）

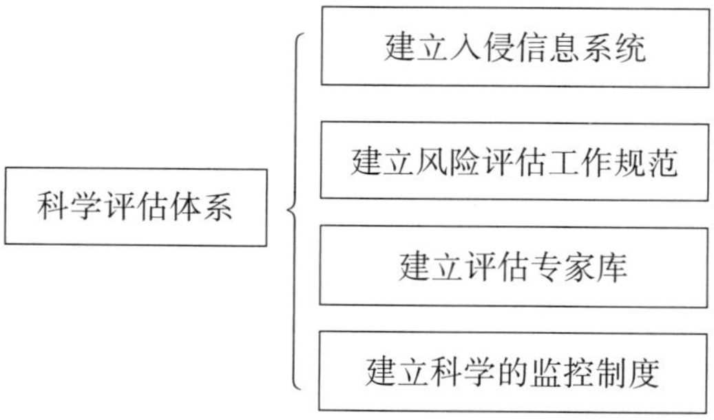

图2-9　科学评估体系的建立

（三）加强基础研究，采取具体措施

建立外来入侵物种背景资料，包括分类、形态特征、寄主动植物和危害的情况、生物学特性、传播途径等方式，同时加强对检疫方法、治理措施、生活史等方面的研究；建立外来入侵物种数据库实行具体物种具体分析，为外来入侵物种管理提供科学依据。

对已入侵的物种爆发迅速做出反应，将机械防治法、化学防治法与生物防治法相结合，采取综合防治措施，并研究和建立新的消除和控制的方法，将外来物种入侵所造成的影响降到最小。

（四）加强国际合作，研究治理措施

生物入侵在全球蔓延，是全球共同的灾难。因此，防治生物入侵应当展开全球合作的防治思路，主动学习和借鉴最先进的研究成果和成功经验，掌握最新的发展动态。全球入侵物种方面的专家、学者应共同协作，为生物入侵防治献计献策。

(五)加强宣传教育,建立全民防治模式

生物入侵与老百姓生活息息相关,因此我们需要加大宣传倡导全民共同防治,采取的方式包括张贴外来物种宣传海报、印刷外来物种防治手册、微信公众号推送、公益广告等向广大群众宣传外来物种的危害性和防治的必要性,提高民众意识,教导大家在日常生活中遇到外来物种应该如何处理。尤其加大对农民、养殖户、商人等群体的宣传,规范对管理人员的培训,避免或减少外来物种无意识的引进。

思考与交流

入侵物种是不是一无是处?我们身边的入侵物种有没有为人们所用的?举例说明。

三、水生入侵物种的开发与利用

(一)治理水体污染

部分水生入侵植物在生长过程中可以有效吸收水体中大量的氮、磷等营养物质,并对重金属离子、农药及其他人工合成化合物等也有极强的富集能力,可以有效地净化水体。如水葫芦具有超强的净化污水的能力,而且能够有效地抑制藻类的生长。一般来讲,水葫芦能净化污水达到常用水质标准,这一过程需要三年时间,因此水葫芦能够治理水体污染,具有修复污染水体的能力。

(二)食用和药用

不少水生入侵植物因其含有丰富的蛋白质、胡萝卜素、氨基酸、总黄酮等极具营养价值,可供人们食用。对于一些水生入侵动物,如福寿螺、小龙虾、罗非鱼、牛蛙等更成为人们餐桌上的美食,其中小龙虾还能入药,具有化痰止咳,促进伤口生肌的功效。

(三)饲料和肥料

一些水生入侵植物中蛋白含量极高,并含有各种动物所必需的氨基酸,可加工成鸡、鸭、猪、牛和羊等畜禽的青饲料,可以大大地降低饲养成本。一些水生入侵植物还可以制作优质有机肥和有机无机混合肥。如水葫芦中N、P、K养分含量高,可以将水葫芦制作成饲料和肥料。

(四)其他用途

水生入侵植物可以做成各种各样的手工艺品、家具用品、装饰品等。由于水生入侵植物具有繁殖力强、成活率高等特点,人们甚至将其作为盆景观赏,美化环境。小龙虾

能够在高污染性、含有毒素的水质下存活，将其放养在水族箱中能够有效地清理鱼的排泄物与青苔。

四、开发与利用实例

（一）落地生根变废为宝

落地生根从原产地非洲入侵到我国之后就一发不可收拾了。在过去可以说是到处泛滥，只要有一点苗头出现，很快周围就跟着疯长起来。落地生根的外表叶片肥厚，相比其他野草来说也是显得更有"气质"，但当它刚进入我国却少有人重视它，常被忽视为一种害草，生怕它那顽强的生命力一下子就侵占了农田，损害农作物。

其实在家里养盆落地生根，也是非常有观赏价值的。大叶的落地生根，叶片肥厚，枝干粗壮，用来做盆栽效果也不错，而且它还会开花，开起花来能顶到屋顶也是相当壮观的。落地生根还有一个用处，因为它生长的速度特别快，又属于景天科的植物，可以嫁接景天科的长寿花。它的亲和力比较好。嫁接之后生长速度也比较快，所以用落地生根的枝干来嫁接长寿花也是不错的选择。

（二）利用水葫芦作饲料

野生水葫芦会堵塞河道、污染水质，但是你可知道水葫芦可以做成家畜美味的饲料吗？水葫芦做成饲料可以节省成本，提高养殖效益。下面为同学们介绍水葫芦是如何成为饲料的。

1.作青饲料：水葫芦含水量高达92%，首先需要将水葫芦去根洗净，经自然干燥（风干、晒干）和机械干燥后，将水葫芦含水量控制在60%~70%之间，粉碎成小段，用发酵剂发酵后，再添加辅料搅拌均匀，便成猪、牛、羊美味的青饲料。

2.作干粉饲料：同样将水葫芦去根洗净，利用机械干燥方法将含水量控制在15%左右，用粉碎机制成粉状物，发酵后再添加辅料拌和均匀，便成粉状发酵饲料。也可制成粒状，称量、装袋、包装为颗粒饲料。不同的添加剂配方比例，便是不同类型畜禽鱼等的系列饲料。

职业探索

出入境检验检疫局

出入境检验检疫局的职责是对出入境的货物、人员、交通工具、集装箱、行李邮包携带物等进行包括卫生检疫、动植物检疫、商品检验等的检查，以保障人员、动植物安全卫生和商品的质量。检验检疫涉及的专业范围十分广泛，包括国际贸易动物检疫、植物检疫、微生物分析测试等专业。采取有效的边境口岸管理措施，加强对有害外来物种的检疫和检验，是防止外来有害物种入侵的第一道防线，你愿意为检验检疫贡献自己的力量吗？

科学大视野

中国的“狼来了”

在南宁观赏鱼市场上一种热带小鱼成了广西有关部门追捕的对象。这种外形优美、色彩艳丽的热带小鱼名叫“食人鲳”，食人鲳又称“水中狼族”，也就是我们俗称的“食人鱼”。食人鲳原产于南美亚马孙河流域，性情暴烈，具有较强的攻击性，即使是在它的原产地南美洲也被认为是一种非常危险的生物。据有关报道，在亚马孙河流域，每年就有1000多头水牛被食人鲳吃掉，而食人鲳攻击人类的事件也时有发生。对于广西而言，面临的威胁是，一旦这些作为观赏鱼类引进的热带小鱼进入河流湖泊，当地的其他水生生物将面临一场灭顶之灾。广西自然环境与南美类似，食人鲳没有天敌，进入之后将形成优势物种，破坏生态平衡。

调查与实践

通过本课所学，收集资料，小组合作制作一份防治生物入侵的宣传海报。

第三章
水资源污染

根据我国水资源面临的几个问题，水资源危机主要体现在三个方面，自然条件的影响，城市与工业区的集中发展，还有一个比较严重的就是水体的污染。水体一般是指河流、湖泊、沼泽、水库、地下水、海洋的总称；在环境学领域中则把水体当作包括水中的悬浮物、溶解物质、底泥和水生生物等完整的生态系统或完整的综合自然体。水体污染则是指水体因某种物质的介入，而导致其化学、物理、生物或者放射性等方面特性的改变，从而影响水的有效利用，危害人体健康或者破坏生态环境，造成水质恶化的现象。水体的污染源主要有两种形式，点源污染形式的工业污染和生活污染，大面积形式的农村污水和灌溉水污染。水体中的污染物主要有10种：需氧污染物、植物营养、重金属、农药、石油、酚类化合物、氰化物、酸碱及一般无机盐类、放射性物质、病原微生物和致癌物。这些污染物之间并非相互独立造成水体的污染，污染物之间相互交叉，一种污染物进入水体之后往往会连锁引发其他的污染。比如说氰化物污染水体后，往往会滋生出一些其他的致病菌、病毒、寄生虫等生物，进一步引发生物污染，使水质恶化，间接或直接危害人类健康或影响渔业生产。

第一节　化学型污染

地球上70.8%的面积被水覆盖，但是其中97.5%是咸水，余下的2.5%，有87%是人类难以利用的两极冰盖、高山冰川和永冻地带的冰雪。所以人类真正能够利用的水资源，仅占地球总水量的0.26%。我国是水资源短缺的国家，由于人口的增长、工业规模的扩大、商业活动的频繁使得人们对水的需求量扩大，水资源的污染也越来越严重。其中化学型污染给水体健康造成的危害十分严重，所以对化学污染的治理迫在眉睫。（见图3-1）

图3-1　化学型污染造成的问题

学与问

什么是水污染？什么是化学型污染？

一、化学型污染及来源

化学型污染是指由于向水体中排放酸、碱、有机和无机污染物质造成的水体污染，其中的污染杂质来自化学品。根据具体污染杂质可将物质分为6类：(1)无机污染物质；(2)无机有毒物质；(3)有机有毒物质；(4)需氧污染物质；(5)植物营养物质；(6)油类污染物质。(见图3-2)

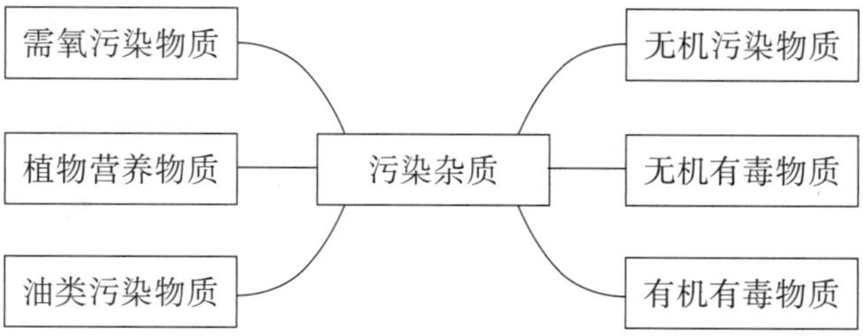

图3-2　污染杂质的类型

(一)无机污染物质

无机污染物质主要会引起水中酸、碱浓度异常。天然水的pH值为6.5 ~ 8.5，当pH值小于6.5或大于8.5时，表示水体受到酸、碱或无机盐的污染。具体的污染物质包括：硫酸、硝酸、盐酸、磷酸、氢氧化钠、无机盐。水中酸性物质主要来源于制酸、农药、化工、人造纤维等工厂的含酸废水，冶金、金属加工的酸性工序以及矿山排水和酸雨等。水中碱性物质主要来源于制浆厂、碱法造纸厂、制碱厂、印染厂、制革厂和炼油厂等的含碱废水。

(二)无机有毒物质

无机有毒物质主要是重金属等有潜在影响的物质,主要是汞、镉、铅、砷、铜、锌等重金属元素。重金属污染物由于其难降解性,所以存在潜在危害性。通过食物链“虾吃浮游生物,小鱼吃虾,大鱼吃小鱼”被富集,而且浓度会逐级加大。人处于食物链的最高级,有毒物通过食物或饮水摄入人体,有毒物在不易排泄的情况下,在人体内积蓄,就会引起慢性中毒。重金属的排放主要来自矿山排水和运输途中落下的矿石,冶金、化工、化肥、机械制造、电子仪表、涂料等工业废水,地表径流,农田排水和大气中降落于水体的无机粉尘。

(三)有机有毒物质

有机有毒物质大多为在水中难降解的有机物。有毒物质在水中的含量不高,但因在水体中残留时间长,有蓄积性,可造成人体慢性中毒、致癌等危害。有机氯农药由于毒性大,化学性质稳定,残留时间长,且易溶于脂肪,故在水生生物体内富集,其浓度可达水中的数十万倍,不仅影响水生生物的繁衍,且通过食物链危害人体健康。

(四)需氧污染物质

需氧污染物质是指有机物碳氢化合物、蛋白质、脂肪、纤维素等,虽然本身无毒性,但分解时需消耗水中的溶解氧。主要来自城市生活污水及食品、造纸和印染等,大量耗氧有机物排入水体后,使水中溶解氧急剧减少,水体出现恶臭,破坏水生生态系统,影响渔业生产。

(五)植物营养物质

植物营养物质主要指含有氮、磷等植物所需营养物的无机、有机化合物,如氨氮、硝酸盐、亚硝酸盐、磷酸盐以及农田排水中残余的氮和磷的有机化合物。含氮的有机物中最普遍的是蛋白质,含磷的有机物主要有洗涤剂等。一旦这些污染物大量排入水体,水体就会出现富营养化,浮游生物大量繁殖,水面呈现蓝色、红色、棕色等。这种现象在江河、湖泊称为水华,在海洋上则称为赤潮。藻类聚集在水体的上层,在藻类大量繁殖的季节,会造成大量鱼类的死亡,引起水体生态系统的变化。

(六)油类污染物质

油类污染物质主要指石油对水体的污染。石油对水体污染主要是烷烃、环烷烃、芳香烃等。在石油的开采、炼制、贮运、使用过程中,原油和各种石油制品进入环境而造成污染,其中包括通过河流排入海洋的废油、船舶排放和事故溢油、海底油田泄漏和井喷事故等。

实践活动

不同环境中的水质分析实验

一、实验目的

1. 学习和掌握水中溶解氧、浊度、色度、pH值以及电导率的测定。

2. 了解这些因素在水环境中的地位以及对水生生物的影响。

二、实验设备及材料

数字化检测器材、不同的水(①自来水;②养黑藻的水;③黑藻和金鱼共生的水;④纯净水)。

三、实验内容

1. 溶解氧的测定。

2. 浊度的测定。

3. 色度的测定。

4. pH值的测定。

5. 电导率的测定。

四、实验步骤及结果

1. 用4个小烧杯分别领取①②③④号水,然后进行实验。

2. 实验过程中,注意保护仪器,维持仪器的清洁。

3. 实验结果。

表1　溶解氧记录表

样品	①	②	③	④
DO(mg/L)				

表2　水质浊度记录表

样品	①	②	③	④
浊度(度)				

表3　水质色度记录表

样品	①	②	③	④
色度(度)				

表4　水质pH值测定

样品	①	②	③	④
pH				

表5　水中电导率的测定

样品	①	②	③	④
DO(mS/cm)				

五、实验结果分析

1.请分析各个水样对应测定值不同的原因。

2.判断哪种类型的水质最好，最适合生物生长。

3.请从环境与健康的角度谈谈你对水质健康的思考和想法。

二、化学型污染的防治措施

《中华人民共和国水污染防治法》是为了保护和改善环境，防治水污染，保护水生态，保障饮用水安全，维护公众健康，推进生态文明建设，促进经济社会可持续发展而制定的法律。

1. 规范工业废水的排放，提高水的重复利用率

对工业聚集区设置集中污水处理设施，安装自动检测设备，主管部门与企业实现联防联控并淘汰严重污染水环境的落后工艺和设备，采取综合治理措施，提高水的重复利用率，减少污水和污染物的排放量。

2. 集中处理城镇污水，提供污水处理有偿服务

统筹城镇污水处理设施，提高区域污水的收集率和处理率，并对污水处理进行有偿服务，收取污水处理费用，保证相关设施正常运行。

3. 推进农村污水的集中处理，加强农药管理

统筹规划污水处理设施，制定化肥和农药的质量标准和使用标准，加强对农药的管理，指导农业生产者科学、合理地施用化肥和农药，推广测土配方施肥技术和高效低毒低残留农药，控制化肥和农药的过量使用，防止造成水污染。

三、实践案例学习

西南大学附属中学“雏鹰计划”8期学员在巡河过程中发现嘉陵江中鱼数量减少，为了探究嘉陵江重庆段的水体水质对鱼群数量和种群影响，开展了如下的实践活动。

鱼水舆情

——嘉陵江重庆段水质现状及其对鱼类的生存影响探究

研究者：彭诗芮、钟易东、谢宇桢小组

为了解决嘉陵江中鱼类种群和数量急剧减少的问题，国家渔业部门规划了十年的禁渔期，以保护鱼群种类的多样性，提高鱼群的繁殖率。嘉陵江的水质对鱼群的种类和数量起到至关重要的作用，实验探究了嘉陵江重庆段鱼群的变化情况，走访江边经验丰富的渔民和嘉陵江边常年垂钓者，采访鱼类专家，查找鱼类标本，发现珍稀鱼类踪迹罕见，经济鱼类的数量大幅度减少。

为了探究影响鱼类生存风险的因素，在春、夏、冬三个季节对嘉陵江重庆段水体和河床底泥进行采样，选取金子沱、澄江、清溪口、江北嘴四个地方为采样点，根据标准方法对样品进行处理，分别采用电感耦合等离子体原子发射光谱仪(ICP-AES)检测铅、镉重金属的含量，气相色谱—质谱仪(GC-MS)检测五氯酚、六六六、甲基对硫磷三种有机农药的含量，根据对水质质量赋分的方法，确定嘉陵江重庆段的总体水质情况为良。

嘉陵江重庆段中重金属和有机农药含量可能对鱼群的种类和数量都产生了一定的影响，所以实践小组建议相关部门制定环境中相关污染物含量的地方标准和国家标准，使该标准能够行之有效地运用到生物的生存和发展中。

四、实践调研

西南大学附属中学坐落于长江一级保护水源旁边，针对水体污染的原因，我校水科技小组成员走出校园，走到长江边的大课堂，调研水体化学污染的原因，并为水体保护和生态环境建设献言献策。(见图3-3、图3-4)

爱水社社长根据各成员的调研结果，汇总了以下几点保护对策与措施。

图3-3　水科技小组成员

(一)加强监管力度，严格控制污染源

嘉陵江是长江三峡库区支流中流域面积最大的大河，在重庆境内经过合川区等农业区县，以及北碚、江北、渝中等人口密度非常大的主城区，于朝天门处汇入长江。因此，嘉陵江沿岸的工、农业生产和居民生活均可能对其水质造成影响。在调查过程中，除澄江外，其余采样点周围农田较少，但不排除嘉陵江其他流域有种植业，因此，还是有必要加强对嘉陵江流域种植业的监管力度，防止水土流失和由种植业造成的农业污染。同时，嘉陵江流域工厂、企业众多，加强工业污染防治力度也势在必行。

(二)解决城镇污水问题,建立垃圾处理设施

嘉陵江是长江三峡库区的重要支流,又作为当地的人畜饮水源,污染水体必然影响人畜健康,长期效应难以预测。因此,有必要建立水质监测管理系统,监测研究库区及重要支流水环境的动态变化,及时发现水质问题并采取应急机制和改善措施。加快嘉陵江边城镇垃圾处理站(厂)建设,提高居民"垃圾分类、定点投放、集中处理"意识,特别是与重金属、有机农药有关的电池和农药瓶(或袋)一定要集中处理销毁。

图3-4　小组探究活动

(三)提高城镇居民环保意识

嘉陵江沿岸村镇众多,既有农业人口,也有密集的城镇居民。调查组在走访过程中,发现有部分居民对环境问题不闻不问不管,让人担忧。因此,生态环境的建设与保护必须发动群众依靠群众,政府对此要舍得经济投入和政策倾斜,通过报刊、广播、电视、网络、讲座等方式加强环保意识教育,进一步提高公众对生态环境建设与保护的共识和支持,促使广大群众牢固树立生态环境建设与保护的观念。此外,要鼓励社会公众、非政府组织参与、监督水质环境建设与保护工作,实行"举报有奖"政策。

职业探索

水质检测员

水质检测员是指对天然水、用水和废水的物理性质、化学性质及生物性质进行检验和评定的专业人员。水质检测员一般就职于生态环境检测岗位,随着工作经验的积累和工作能力的提高,可成为优秀的环境工程师。(见图3-5)

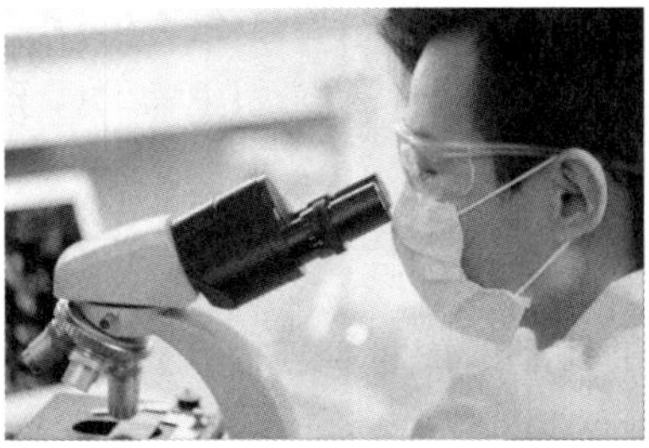

图3-5　年轻的水质检测员

调查与实践

以学习小组为单位,选择你就近的水域调查其水质状况,采集保存水样,到实验室检测相关水质污染指标,并评价该水域的水质情况。实践过程中,需要认真拍摄照片,保存样本,处理数据,并撰写一份实验报告或制作幻灯片以供交流展示。

第二节　生物污染

水体生物污染是指寄生虫、某些昆虫和致病微生物等生物进入水体，或水体中的某种生物大量繁殖，使水质恶化，对人类健康和生产活动造成较大影响。关注和学习水体生物污染对社会的稳定和健康发展具有重要意义，了解水体生物污染的主要类型、树立卫生安全意识非常重要。

希望同学们通过本章节的学习，了解水体生物污染的主要类型及其危害，进一步知晓和水体生物污染相关的高校专业以及职业信息，拓宽视野。

学与问

你能列举水体中的细菌种类吗？你了解细菌污染的危害吗？

一、水体细菌污染

（一）水体细菌污染的主要类型

1.肠道细菌

（1）大肠杆菌可分为非致病性和致病性，非致病性大肠杆菌是肠道正常菌群，对机体无害；致病性大肠杆菌则能引起食物中毒。致病性大肠杆菌有两类：侵入型和毒素型。侵入型引起的腹泻一般称为急性痢疾型；毒素型引起的腹泻一般称为急性胃肠炎型。耐热毒素加热至100℃，经30分钟尚不破坏，不耐热毒素加热至60℃，仅1分钟即可被破坏。（见图3-6）

（2）粪肠球菌是动物肠道内的正常菌群，是一种共生菌，一般对动物或人的机体无害。但由于抗生素的大量使用以及不规范使用，粪球肠菌的耐药性比例逐渐升高，对粪球肠菌引发的肠道感染治疗难度日益困难。近年研究证实，在长期进化中，部分粪肠球菌已经出现了毒力基因，可引起广泛的感染。

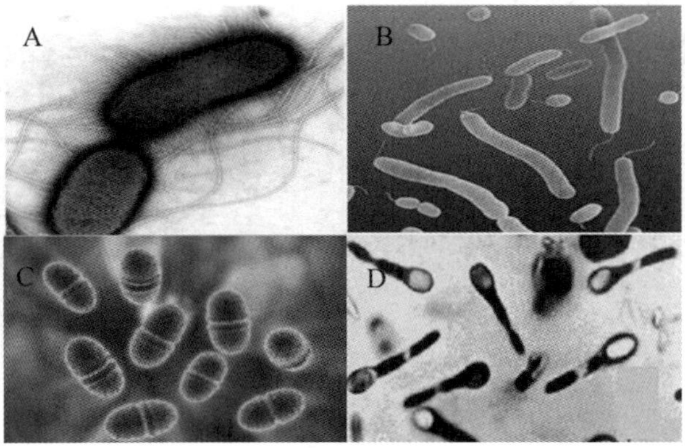

图3-6　A.肠杆菌属；B致病性大肠杆菌；C.粪肠球菌；D.破伤风梭菌

(3)梭状芽孢杆菌。梭状芽胞杆菌是人体致病菌之一，属于厌氧菌的一种，常见的梭状芽胞杆菌有破伤风梭菌、产气荚膜梭菌等，这些致病菌侵袭机体后容易引起破伤风、气性坏疽等。局部伤口的厌氧环境是破伤风梭菌感染的重要条件，该菌对不良环境条件具有极强的抵抗力，可分泌一种神经毒素，重者可引起患者中枢神经功能紊乱。感染后的主要临床症状有乏力、发热、抽搐、呼吸困难等；气性坏疽表现为伤口疼痛、伤口有渗出伴水泡等。

2.病原菌

病原菌对人体的危害性较肠道细菌更大。污染水体的病原菌主要包括沙门氏菌属、志贺氏菌属、霍乱弧菌、结核杆菌和钩端螺旋体等。

(1)沙门氏菌属。沙门氏菌属是一种常见的由食物引起的致病菌。沙门氏菌属于专门对人类致病或专门对动物致病的菌类。如沙门氏菌属携带者的粪便污染食品即可使人发生食物中毒。据统计，世界各国的细菌性食物中毒中，沙门氏菌属引起的食物中毒位列榜首，在我国也是如此。(见图3-7)

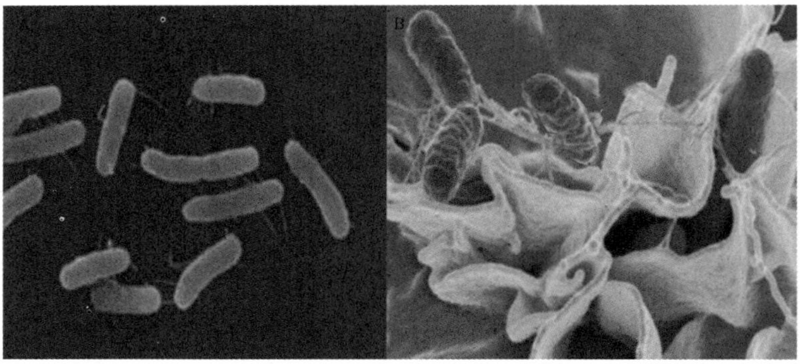

图3-7 A.肠炎沙门氏菌；B.伤寒沙门氏菌

(2)志贺氏菌属即痢疾杆菌，是导致典型细菌性痢疾的病原菌，在敏感人群中极少数的菌体数量即可引起发病，是人类细菌性痢疾中最为常见的病原菌。各型痢疾杆菌都具有强烈的内毒素，可引起发热，神志障碍，甚至中毒性休克等症状。志贺氏菌属主要通过粪—口途径传播。(见图3-8)

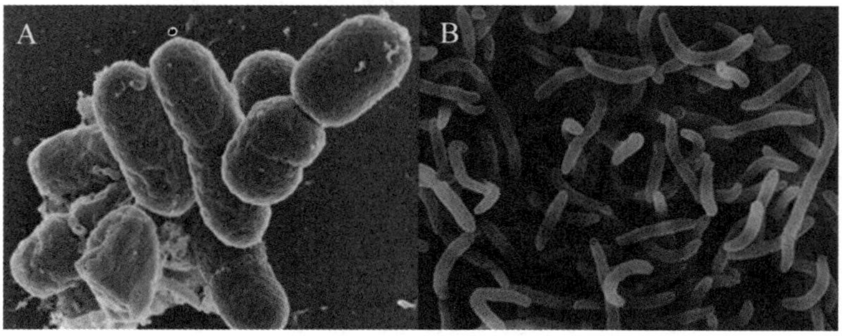

图3-8 A.志贺氏菌属；B.霍乱弧菌

(3)霍乱弧菌是一种引起人类急性肠道传染病的病原菌。霍乱是一种古老且流行广泛的烈性传染病之一，若不及时治疗，会导致患者短时间内严重脱水而死。该菌曾在世界上引起多次大流行，1961—1964年霍乱起始于印度尼西亚，随后向整个亚洲地区扩散，菲律宾、越南、新加坡等东南亚地区受波及，高峰时每年均有超1万人染病、2千人死亡，后来也波及我国的广东、香港和澳门。

(4)结核杆菌。结核杆菌又称结核分枝杆菌。可分为人型、牛型、鸟型、鼠型等多种种类，对人的感染主要是人型。该菌侵入人体后可引起强烈传染性的慢性消耗疾病，可通过呼吸道、消化道和破损的皮肤黏膜进入机体，侵入各种组织器官，引起相应器官的结核病。结核杆菌主要经呼吸道和消化道传播。牛也会得结核病，如果母牛得了结核病，那么它产的奶里也会带有结核杆菌，人如果喝了有病菌生牛奶就会感染上结核病，所以建议大家在饮用牛奶时一定要煮开了再喝。(见图3-9)

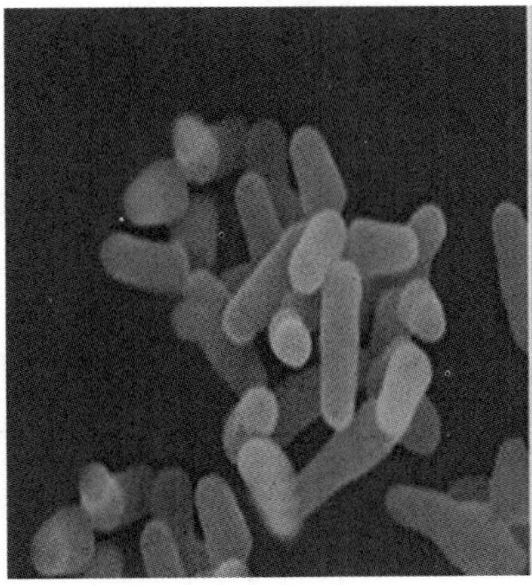

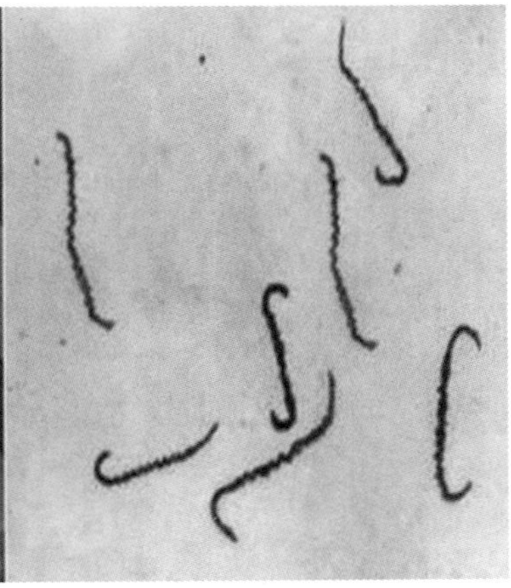

图3-9　结核分枝杆菌图　　　　3-10　钩端螺旋

(5)钩端螺旋体可简称为钩体，其种类繁多，可分为致病性和非致病性两大类。由致病性钩体引起的人和动物的钩端螺旋体病是世界各国都广泛流行的一种人畜共患病，对人体健康危害很大。我国大多数地区都有钩端螺旋体病的存在，特别是南方各省尤为严重，是我国重点防治的传染病之一。鼠类和猪是两大主要传染源，某些哺乳类动物也是其主要宿主。(见图3-10)

二、水体病毒污染

思考与交流

通过水体传播的病毒有哪些？这些病毒会引起怎么样的危害？

病毒也能通过水体引起人病毒感染。存在于人的肠道，并可通过粪便污染水体的病毒主要有：脊髓灰质炎病毒、柯萨奇病毒和致肠细胞病变人孤儿病毒等肠道病毒，以及腺病毒、呼肠孤病毒和肝炎病毒、诺如病毒等。

（一）脊髓灰质炎病毒

脊髓灰质炎病毒是能够引起脊髓灰质炎的病毒，脊髓灰质炎的传播较为广泛，是一种急性传染病。该病毒导致的疾病多发于儿童，症状为肢体松弛性麻痹，故又名小儿麻痹症。脊髓灰质炎病毒从口腔进入人体后迅速播散，在数小时内病毒即开始自我复制，每个受感染的细胞释放大约500个病毒颗粒，之后会进入血液。只要出现病毒血症，脊髓灰质炎病毒就有可能侵入中枢神经系统。预防脊髓灰质炎最主要的方法是注射疫苗，目前在疫苗注射的区域这种病基本上已经销声匿迹了，但在未注射疫苗地区脊髓灰质炎仍有发生。（见图3-11）

（二）柯萨奇病毒

柯萨奇病毒是一种肠病毒，可经呼吸道和消化道进行人体间的传染，感染后人会出现发热、打喷嚏、咳嗽等感冒症状。临床表现复杂多样，有的症状与脊髓灰质炎类似，另外还能引起无菌性脑膜炎、脑炎、心肌炎等等。柯萨奇病毒对妊娠不同时期的胎儿有严重影响，能导致胎儿畸形、新生儿心脑疾患等疾病。目前对这一疾病尚缺乏特效治疗，主要以注射疫苗的方式进行预防。柯萨奇病毒的传播途径主要为粪—口途径和口—口途径。（见图3-12）

图3-11　脊髓灰质炎病毒

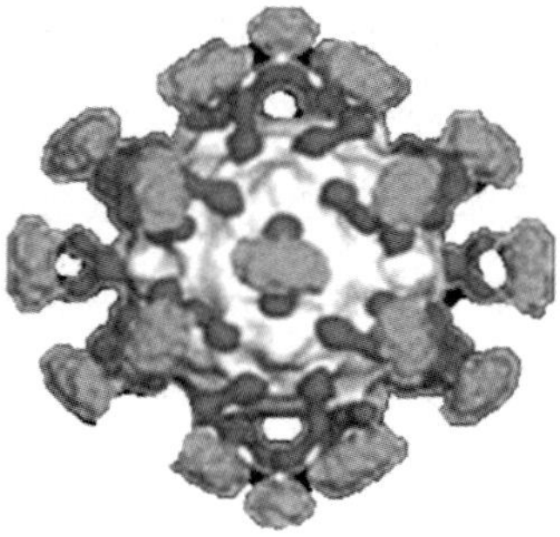

图3-12　柯萨奇病毒

（三）肝炎病毒

传染性肝炎是病毒性传染病水型暴发流行中研究较多的一种病。肝炎病毒能引起病毒性肝炎，感染人类的肝炎病毒可分为甲型（HAV）、乙型（HBV）、丙型（HCV）、丁型（HDV）和戊型（HEV）病毒。不同类型肝炎病毒的传播途径略有差异，甲型和戊型肝炎病毒可通过肠道感染，乙型、丙型和丁型的肝炎病毒则均通过密切接触、血液和注射方式传播。甲型肝炎病毒的传染源主要是病人，病人可通过排便的方式将病毒排出体外，进入环境中的病毒可经手、水、食物等媒介传染。比如1988年,上海市民因食用了被甲型肝炎病毒感染的毛蚶而导致了较大规模的流行性甲型肝炎。乙肝病毒是一种嗜肝DNA病毒,一般聚集在肝细胞中,是流行最广泛、危害最严重的一种病毒。在2006年以前,我国的乙肝感染者约1.2亿,但随着乙肝疫苗被纳入计划免疫管理后,我国的乙肝病毒患者数量呈不断下降的趋势。保护水源、加强饮食卫生管理、讲究个人卫生、对污染的物品进行严格消毒等措施是预防肝炎病毒传播的主要举措。(见图3-13)

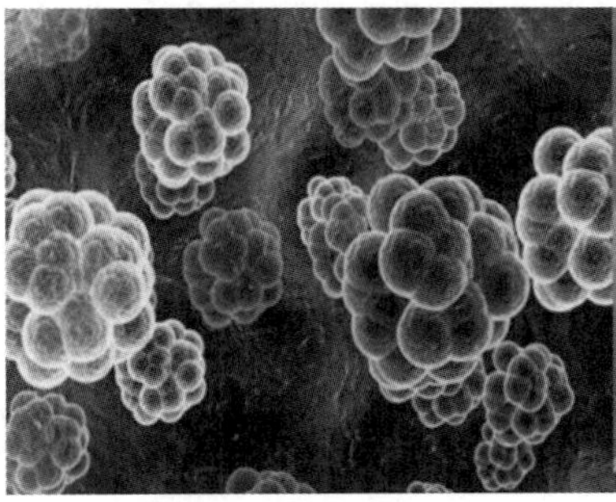

图3-13　肝炎病毒

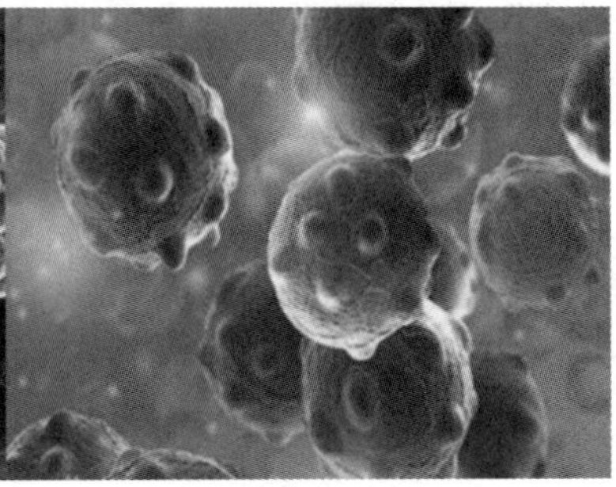

图3-14　诺如病毒

(四)诺如病毒

诺如病毒,是1968年科学家在美国诺瓦克市暴发的一次急性腹泻事件中,从患者的粪便中分离得到的一种病原体,又称诺瓦克病毒。诺如病毒的生存能力较强,全年各时期均可引发感染,尤其在寒冷季节高发,感染后会出现腹泻的症状。在美国,60%~90%的非细菌性腹泻暴发由诺如病毒引起。到目前为止,还未研制出诺如病毒引发的感染性腹泻的疫苗和特效药物,因而搞好个人卫生公共卫生安全是预防的关键。诺如病毒的传播途径主要包括人传人、经食物和水传播等。(见图3-14)

经人类及动物的粪便排出的病毒可达成百之多,这些排泄物可经不同的途径污染水源,最终经过不断的传播而危害人类的健康。尽管通过常规的净化与消毒处理,但是很多病毒仍然能够部分存活。由于水体环境污染状况及抗生素的滥用和不规范排放,水体污染情况越发严重,导致进入水体的病毒以及水体中原有的病毒可能发生变化,进而出现让人类措手不及的新型病毒。

思考与交流

在医院中你注射过的抗生素有哪些?抗生素使用过多对我们有什么危害?

三、水体抗生素污染

(一)抗生素

抗生素是指由细菌、真菌或其他微生物在生活过程中所产生的具有抗病原体或其他活性的一类物质,如青霉素和阿霉素。半合成抗生素则是对天然抗生素进行结构改造后的产物,如氨苄西林。此外,完全由人工合成的抗微生物药物也属于抗生素,如喹诺酮类、磺胺类等。抗生素的发现及发展对人类医学进步具有重要的贡献,大大提升了人类对抗病毒的抵抗力。

课外拓展

了解青霉素发现历程。

(二)水体抗生素污染的危害

随着抗生素在较多方面的广泛应用,抗生素对环境的污染也越来越普遍和严重。根据已有的报道,中国河流遭受抗生素污染尤其严重,某区域地表水被检测出含有68种抗生素,甚至人们食用的自来水也未能幸免。当生物体内或环境中残留了大量的抗生素时,必然也会对一些具有相同或类似靶器官组织或细胞的低等生物产生一定的危害。这主要体现在三个方面:

1. 抗生素对水生生物可能存在一定的急性毒性效应和慢性毒性效应,比如,浓度为322.8 mg/L和406.0 mg/L的四环素在作用96小时后,能分别导致鲫鱼和斑马鱼半数致死。水体中较高浓度的抗生素对水体中低等生物的影响较大,严重影响了水体中的生物多样性。

2. 微量抗生素在环境中长期存在即可能刺激病原菌产生抗药性,排入水体中的抗生素由于有限的降解作用而长期存于水体当中,抗生素的病原菌侵害人体后将会对人类的生命安全造成严重的威胁。

3. 抗生素在生物体内的残留对人体健康可能具有潜在的危害,人们通过食用抗生素饲养过的畜牧业和水产业产品,很可能将一部分抗生素带入人体。长期食用含抗生素耐药性的蛋、肉等食品的人体中也能检出抗生素耐药性基因。

自然环境中,包括食用自来水中的抗生素浓度极低,比如在2014年南京市鼓楼区居民自来水中检出阿莫西林含量为8 ng/L。对于饮用水系统中低浓度的抗生素,目前还未出现抗生素抗性的报道。因此,目前还不能认为饮用水中低浓度的抗生素会存在产生耐药性等危害。

职业探索

水体生物污染的相关职业

(一)相关专业

与水体生物污染比较相关的专业主要有环境工程、环境科学、固废处理、物理污染、控制工程、环境监测、水污染防治等。水体污染的类型不仅包括水体生物污染,还有其他的化学污染、酸污染、废液污染等。在实际情况下,同一水体中所涉及的污染类型往往不止一种,可能存在同时有生物污染和化学污染等多种污染情况。可见,要想处理好水体污染,需要具备多方面的知识。在学科融合的时代,学科之间已经不存在完全隔绝的壁垒,只有广阔的知识范围才能更好地解决问题。

(二)就业方向

毕业后可就业于规划部门、经济管理部门、环境保护部门、环境工程设计单位、工矿企业、相关科研单位等,从事规划、设计、管理工作,也可在水文学及水资源、地下水科学与工程等研究生专业继续深造。

第三节 其他污染

随着工业发展的进步,信息时代的迅速发展,越来越多的工业废物排入水体造成相应的污染,同时也有越来越多的污染现状呈现在公众面前。关注水体环境的污染类型及其对人类自身的危害,对树立环保意识非常重要。

希望同学们可以通过本章节的学习,了解水体污染的其他一些类型,意识到水体污染的全球性问题,并能主动关注我国的生态政策。

学与问

你能列举你所知道的水体污染的其他类型吗?你了解的水体污染类型对人类有哪些危害?

一、微塑料污染

(一)什么是微塑料?

简单来说,微塑料即指直径小于5mm的塑料颗粒以及纺织纤维。微塑料与不可降解的塑料相比，其表面积与体积的比值较大，因而吸附污染物的能力更强，对环境更容易造成更大的污染。

（二）微塑料的来源

陆地输入是海洋环境中微纳米塑料的最主要的来源。相对于陆地环境而言，进入海洋的大块塑料在高盐、光热、微生物的作用以及波浪和湍流的物理磨损下，更容易破碎成较小的塑料碎片，成为微塑料重要来源。（见图3-15）

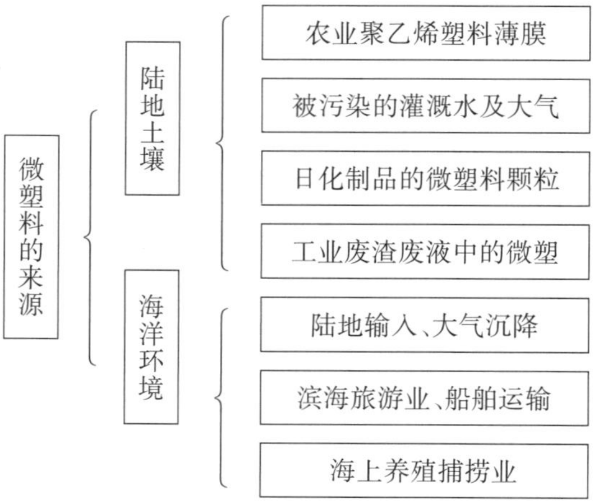

图3-15　微塑料的来源

（三）微塑料的毒害作用

微塑料正对我们的环境及整个生态圈带来越来越多的问题，2015年微塑料被正式列为海洋生物的“温柔杀手”，它已成为全球环境的重大问题，与全球气候变化、臭氧耗竭和海洋酸化相并列。2017年，科学家首次拍摄到了浮游生物摄取微塑料，这些摄入生物体内的微塑料能够沿着食物链和食物网进行逐级传递，对不同等级的生物产生不同的影响。（见图3-16）

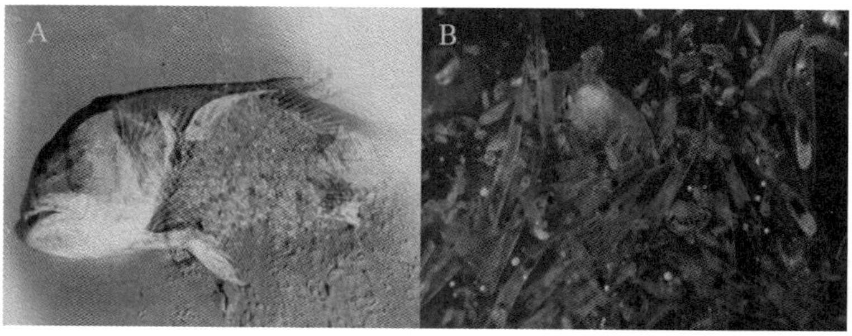

图3-16　A.死于微塑料污染的鱼　B.海洋生物体内大量的微塑料

对于海洋中处于底层食物链的海洋生物来说，它们无法辨别微塑料颗粒和食物颗粒，易引起误食，由于微塑料无法被消化，易造成假性饱腹感，导致摄食效率降低和能量缺乏，除此之外，还可引起消化道损伤和梗阻，严重可导致生物的死亡。长期暴露于微塑料环境当中，对生物体本身产生不利影响，主要包括繁殖力、孵化成功率、后代存活率下降，且微塑料还表现出使胚胎发育异常的毒力效应，长期处于过量微塑料的环境中还可导致生物体的直接死亡。若微塑料通过生物的富集效应最终进入人体，则微塑料在原则上可以通过人类的胃肠道、血液系统，最终进入淋巴系统，还可经胎盘被未出生的婴儿吸收。

（四）世界各国应对微塑料污染的措施

由于微塑料对整个生态系统的严重危害性，国际社会已共同关注到这一新兴的海洋污染物。2015年10月21日，欧洲化妆品及个人护理用品协会建议在2020年前停止在磨砂及清洁用的冲洗式化妆品中添加塑料微粒，以减轻微塑料造成的环境污染负担。联合国环境署于2016年5月发布了关于海洋微塑料污染的全球性评估报告，说明了当前海洋微塑料污染来之迅猛，并积极敦促世界各沿海国家积极开展关于海洋微塑料的科学研究和相关法律法规的制定工作。

我国是一个人口大国，同时也是世界上最大的轻工业生产加工制造国和最大的消费国，我国每年工业生产和日常生活产生的微塑料对我国的海洋生态系统也构成了严重威胁。微塑料是一种新兴的污染方式，国内的相关领域研究起步较晚，对于海洋中的微塑料监测技术还有待完善，而且民众对于微塑料及其危害仍较为陌生。但我国政府已经充分认识到微塑料污染的严重性并予以重视，展开了一系列的行动。自2007年起，我国就开始对海洋垃圾包括塑料垃圾进行常规监测和打捞，从2016年起，新增了包括北极、东太平洋海域在内的微塑料监测，设立了微塑料的国家重点研究项目，对于相关技术也在不断地改进。我国作为一个大国，在国际舞台上的方方面面呈现出了相应的大国担当，积极推动人类命运共同体的构建，充分认识到人与自然和谐相处的重要性，积极开展各项环境保护措施，做好大国榜样，展现大国风采。

二、放射性物质

（一）核能污染

核能，是人类历史上的一次伟大发现，最早可追溯到1895年伦琴发现X线，美国于1942年成功启动了世界上第一座核反应堆并率先将核能应用于军事方面，在1954年苏联建成了世界上第一座核电站。核能发电是利用铀燃料进行核分裂连锁反应所产生的热，将水加热成高温高压，利用产生的水蒸气推动蒸汽轮机并带动发电机而产生电力的过程。核能对人类的发展具有举足轻重的地位，但同时也对人类和整个世界带来了一定的威胁。

【案例再现】在1986年4月26日凌晨，位于今乌克兰境内的切尔诺贝利核电站反应堆发生爆炸，连续的爆炸引发大火并散发出大量高能辐射物质到大气层中，这些辐射尘涵盖了大面积区域，影响到希腊、罗马尼亚、立陶宛、芬兰、丹麦、挪威、瑞典、奥地利、波兰、瑞士、德国、意大利、爱尔兰、法国和英国等国家，此次事故被认为是历史上最严重的核电事故，对几百万人的生产生活造成了巨大影响。事后，苏联当局建造了巨大的混凝土石棺将整个爆炸的反应堆封存，而石棺的设计寿命只有100年，100年之后仍需继续投资。以核电厂为中心、半径30km的广大区域都被划为禁区，并总共撤离了该区域内的135000人。按官方统计，事故中当场死亡30人，至少造成36.3万人患癌症，其中至少9.3万人因辐射量过大而死亡，大约600万人受到核辐射的侵害。

(二)核能的优缺点

核能无疑是一把双刃剑，核能在人类的发展史上有着不可替代的贡献，同时也给人类的安全带来一定的威胁。核能相比其他传统能源具有不可替代的优点，同时也存在一定的缺点：(见图3-17)

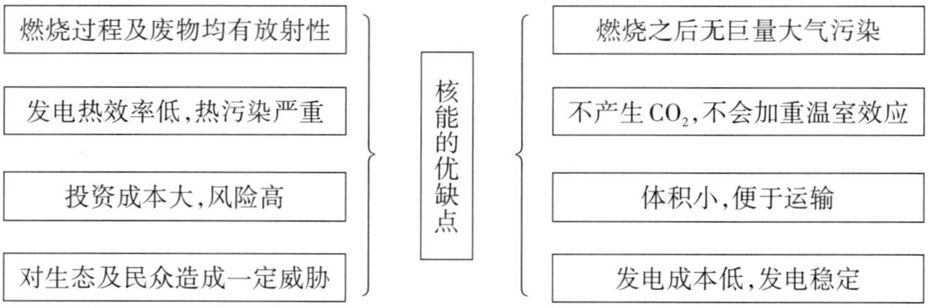

图3-17　核能的优缺点

(三)核能的危害

放射性物质是如何污染水资源的呢？这主要体现在水体的质量上，包括水体环境的恶化和水体饮用功能的丧失。携带有放射性的尘埃沉降到土壤中，经雨水冲洗后可进入水体而随水体的流动进一步迁移和扩散。若水中半衰期短的放射性物质浓度过大，就会释放出较多的辐射射线从而对水体生物造成剧烈的杀伤，严重影响水生生物的正常生存以及水体的质量；另外，半衰期较长的放射性物质还会对水体产生长期性的危害，更为严重的是，某些放射性物质具有剧毒，进入水体后将会严重恶化影响水体环境甚至给所在区域的水体生态造成毁灭性打击。

【案例再现】2011年3月12日，因受地震影响，日本福岛县两座核反应堆发生故障，其中第一核电站中的一座反应堆震后发生异常导致核蒸汽泄漏并于3月12日发生小规模爆炸。因为地震引起的海啸将福岛第一核电站的冷却系统全部摧毁，造成四座反应堆中的燃料棒温度过高。救援人员为了帮助福岛第一核电站内的反应堆降温，通过注入海水这一破坏性较强的方式向其喷射了数千吨海水和淡水降温，结果产生了大量辐射超标的废水，而在所有存放核废液的罐体达到极限后，日本选择了在未向国际社会做出充分、全面、准确通报前就向海洋排放低浓度核废液，对周围国家的海洋生态环境及民众的生命安全都带来严重的安全隐患。

具有较长半衰期的放射性物质排入海洋后会对海洋生态环境极其沿岸居民的生命安全造成持久性的损害，比如，经过科学计算，核废水中的铯137经过10年后即可遍布全球海洋，美国研究人员于2015年在加拿大西部海港的海水中检测到了福岛核电站所使用的放射性元素，2019年3月27日，新华社报道，科研人员于白令海峡首次发现日本福岛电站的污染物。一定强度的核辐射会导致水体生物体内的DNA分子链断裂，产生基因突变。比如，福岛核事件之后在日本近海海域内出现了大量变异生物，其体型及肉质的变化让人惊悚。除了对水生生物造成严重危害之外，海洋中的放射性物质经过水体生物的富集效应，并由食物链和食物网的传递将回到生态链的顶端，也会对我们人体的健康造成不良影响。虽然目前还没有具体的科学研究表明辐射物质在人体中积累会有怎样的危险，但通过水中生物的表型变化就不禁使人寒战。

三、热污染

（一）什么是热污染

热污染是指现代工业生产和生活中排放的废热所造成的环境污染。按照污染的地域范围，可以将热污染大体分为大气热污染和水体热污染。水体热污染主要来源是火力发电厂、核电站、钢铁厂和造纸厂等大型工业生产工厂的冷却系统排出的废液热水。废液进入自然水体之后，能够引起水体理化性质的一系列变化，比如，水温、水体生物的生存条件等。在工业发达的美国，每天所排放的冷却用水达4.5亿立方米，接近全国用水量的1/3；废热水含热量约2500亿千卡，足够2.5亿立方米的水温升高10℃。废液大量排入水体生态系统将会对水体及水体生物产生一系列影响。

（二）水体热污染的危害

1.对水生生物的影响

水生生物是水体热污染最大的受害者。比如说，鱼类。鱼类是变温动物，体温会随着周围水体温度的变化而变化，从而影响体内的新陈代谢效率。当水体温度大幅升高时，鱼自身的温度也将随之升高，体内的代谢率严重受到影响，除此之外，温度升高会导致水体中的溶解氧不断减少。由于水体温度升高不利于鱼群的正常生长以及水体溶解氧含量的下降等多重因素的综合作用，会导致鱼的生长严重受到影响，甚至引起鱼群的死亡，进一步引起生物群落的结构发生变化，影响生物多样性，更为严重的是导致水体生态的失衡。比如，1987年夏季，望亭电厂降温用的高温污水排到望虞河上后引起水体温度升高，导致河中的本土鱼种对有毒物质和疾病的抵抗能力下降，最终被环境所淘汰。

2.对人类健康的影响

水体生态系统与陆地生态系统是密切连接，不可分割的两种生态系统，水体生态环境的变化必将对陆地生物产生一系列的影响。比如，河水水温上升，将给一些致病微生物提供一个人工温床，使它们得以迅速滋生、泛滥，通过食物链和食物网的物质流动从而引起疾病流行，危害人类健康。1965年澳大利亚的某地区，由于工厂排出的废热引起河水水温升高，河中的变形虫在温水条件下大量繁殖，引起了当地居民大范围的脑膜炎。

3.对水质的影响

热污染带来的水体温度升高也会引起水质的变化。水温升高，水体黏度和密度等理化性质降低，导致污泥沉积量增多，加之水温升高和水体溶解氧减少导致的鱼类死亡，水体质量受到严重污染。除此之外，水中化学物质的溶解度以及有毒物质的毒性释放都会随温度的升高而增加，促进了生化反应的快速进行和有毒物质的毒性上升，进一步导致水质污染复杂化。水体热污染是一个整体性的复杂问题，对水体质量的影响极其严重。

（三）如何防治热污染

热污染的根本原因是能源的不充分、未有效合理地利用，这实质上是一种能量浪费和污染。如何防治水体热污染，可以从两个方面着手：

1.变废为宝，减少排放

充分利用热能是减少热污染的最主要措施。在工业生产过程中产生的余热分类繁多，有高温产品和高温烟气余热、冷却和废气废水余热等，我国工业生产每年产生的热量总和相当于上千万吨煤炭燃烧产生的热量，如能转移和二次利用这些余热，比如用来供应热水、干燥产品、产品预热、调节港口水温以防止冻结、在余热散发的地方植树造林等，将能有效节约大量的煤炭资源，有利于煤炭资源的长久利用。

2.推广燃气、电等清洁能源，减少热排放

利用太阳能、潮汐能、水能、风能和地热能等新能源，既能解决热污染问题，又是防止和减少热污染的重要途径。特别是在太阳能的利用方面，各国都投入大量人力和财力进行研究，到目前为止已经取得了一定的成果。

四、水体悬浮物污染

（一）什么是悬浮物污染

水体悬浮物污染是一大类不溶于水的污染物质的总称，前面章节讲到的水体细菌污染、不溶于水的有机物污染、蓝藻污染等等，都属于水体悬浮物污染。总体来说，悬浮物是指悬浮在水中的固体物质，直径约在0.1μm~100μm之间。水体的悬浮物含量是衡量水污染程度的指标之一。

（二）悬浮物污染的危害

悬浮物是造成水浑浊的主要原因，也会造成水质的恶化。悬浮物含量超标会使水体变浑浊、透明度下降和水体溶解氧含量降低，严重影响水生生物的生长代谢水平，甚至会导致鱼类的窒息死亡。除此之外，较多的悬浮物还会造成河渠水库的淤塞，增加人工清理的成本。

多年前由于我国经济迅速发展的需要，开展了很多大型的海岸和海洋工程项目，如填海造地、港口建设及疏浚等，施工过程中水体悬浮物超标的情况十分普遍，对水域生态造成了严重损害，由此造成的生态经济损失巨大。随着经济发展过程中带来的生态问题越来越凸显，我国已意识到人与自然和谐相处的重要战略意义，大力支持恢复自然生态环境，"绿水青山就是金山银山"的理念也逐渐深入人心。

调查与实践

向家里成员介绍水体污染的大概类型，以及各个类型的污染对环境、水生生物以及对我们人类的危害，帮助家庭成员意识到水体污染问题的严重性，提倡保护水资源。

第四章
水资源保护和利用

水资源的形成可以看成是地表水和地下水的形成过程，关注和学习水资源的利用对社会发展举足轻重，树立节水意识，研究水资源利用率，对改善水资源分布不平衡、提高使用效率具有重要意义。水资源污染是全球普遍面临的环境问题，随着人类经济活动的增多，人口增长，人民生活水平不断提高，对水资源的需求越来越多，造成的水资源浪费和污染也越来越大。重庆地区虽然水系发达，水资源相对丰富，但是更要清醒地认识到保护母亲河的重要性，增强保护水资源的忧患意识和社会责任感。

第一节　水资源利用和转化

水资源的形成可以看成是地表水和地下水的形成过程，关注和学习水资源的利用对社会发展举足轻重，树立节水意识，研究水资源利用率，对改善水资源分布不平衡、提高使用效率具有重要意义。

希望同学们可以通过本章节的学习，了解水资源利用和转化的知识，进一步知晓与水资源利用和转化相关的高校专业以及职业信息，拓宽视野。

学与问

你在生活中遇到过哪些使用水的情况？

你了解水循环吗？

一、常见的水资源利用和转化

（一）水资源的利用和转化

1.水资源的利用

人类的生活工作中，水资源是生存和发展必不可少的自然资源，如何对水资源进行合理的利用是永恒的课题。生活中常见的水资源利用如下：（见图4-1）

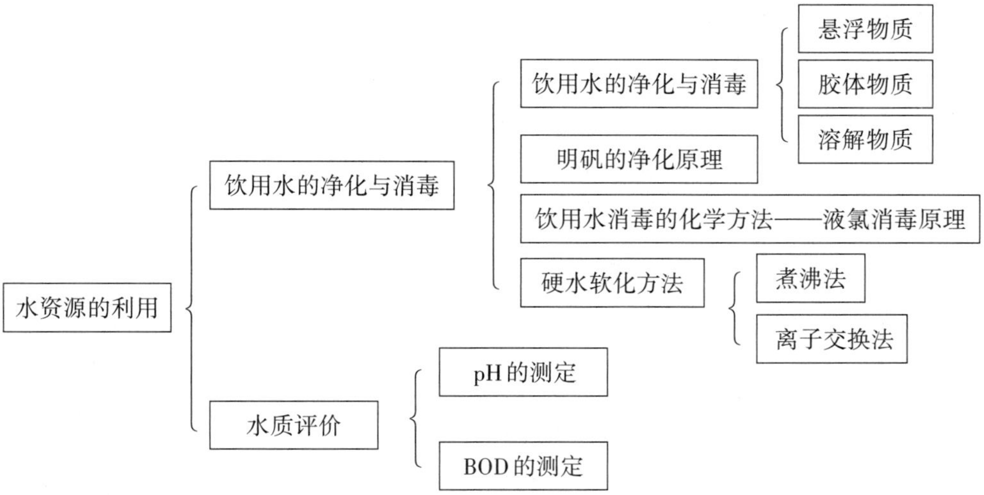

图4-1　水资源利用流程图

2.水资源的转化

自然界中水资源的转化过程主要表现在大气水、地表水、地下水之间的相互转化。大气降水，部分蒸发回到大气，部分植物截流，或积蓄在低洼处，逐渐聚集形成地表水和地表径流，还有部分通过下渗形成了地下水和地下径流。

无论是对水资源的利用，还是城市建设影响水循环，人类活动在各方面对自然界的水资源转化产生影响。首先，兴建蓄水调水工程，让水资源的流动特质和转化方式发生了改变；其次，兴建引水工程，开采地表和地下水，增加了水资源的消耗量；另外污水(生活污水、工业废水、灌溉退水等)排放让天然水体的水质也发生了变化。

(二)水力发电

1.分类(见图4-2)

常规水电站：利用天然河流、湖泊等水源发电。

抽水蓄能电站：利用电网负荷低谷时多余的电力，将低处下水库的水抽到高处上存蓄，待电网负荷高峰时放水发电，尾水收集于下水库。

坝式水电站：电站的水头基本上全部由坝抬高水位获得，筑坝抬高水头，集中调节天然水流。

引水式水电站：河流坡降较陡、落差比较集中的河段，以及河湾或相邻两河河床高程相差较大的地方，利用坡降平缓的引水道引水并与天然水面形成符合要求的落差(水头)发电。

混合式水电站：由坝和引水道两种建筑物共同形成发电水头的水电站。

高水头水电站：70米以上。

中水头水电站：15—70米。

低水头水电站:低于15米。

大型水电站:10万kW或以上为大型水电站或巨型水电站。

中型水电站:5000至10万kW为中型水电站。

小型水电站:一般装机容量5000kW以下的为小水电站。

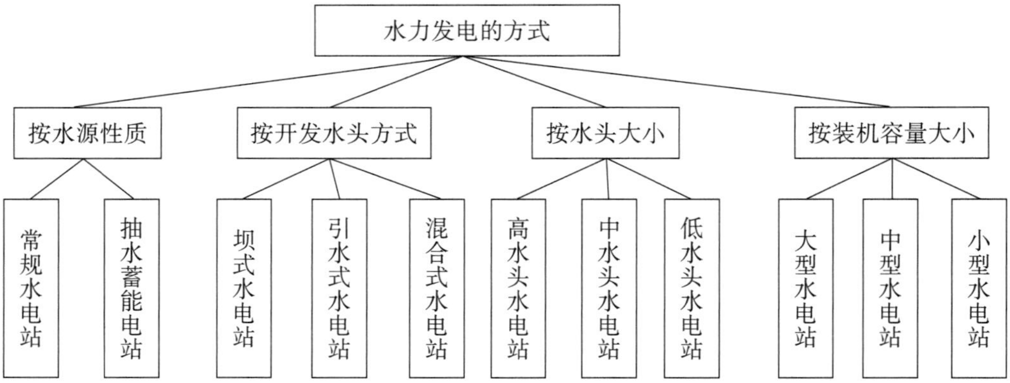

图4-2　水力发电方式

2.影响

水资源是一种可再生的能源,在发电领域有着长久的发展历史。尽管工程投资高、建设耗时久,但水力发电效率高,发电成本低,机组启动快,调节容易,对环境冲击较小。除可提供廉价电力外,还有下列之优点:控制洪水泛滥、提供灌溉用水、改善河流航运,有关工程同时改善该地区的交通、电力供应和经济,特别可以发展旅游业及水产养殖。

实践活动

水资源分布不均极易造成社会不稳定,同学们可以尝试了解相关的历史知识和国际新闻,更加深入了解我国的南水北调工程的背景和重要意义。

科学大视野

中东水资源之争

约旦国王阿卜杜拉曾说:“我们这一地区的潜在冲突导火索不是土地,而是水”。事实上,只要仔细分析,就会发现,五次中东战争都离不开水,五次中东战争基本上都是围绕巴勒斯坦地区三个水源展开。(见图4-3)

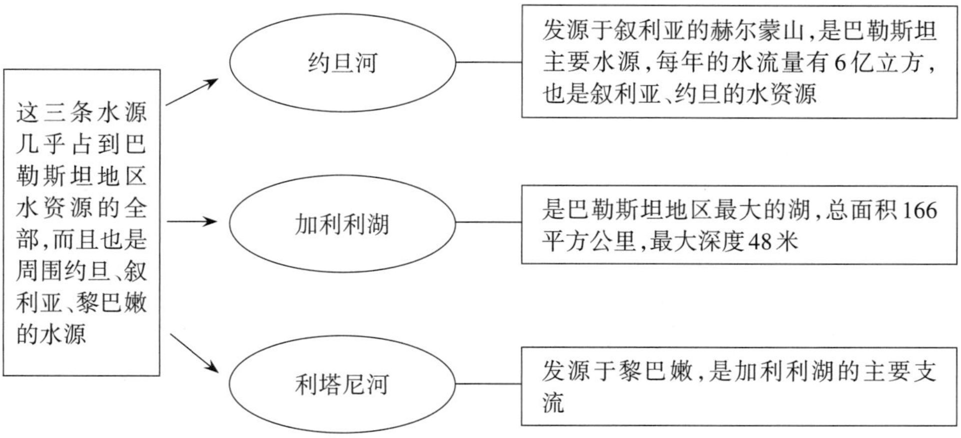

图4-3　巴勒斯坦地区三个水源

（三）南水北调

1.政策沿革

1958年8月，《中共中央关于水利工作的指示》颁布，第一次正式提出南水北调。

1979年，五届全国人大一次会议通过的《政府工作报告》正式提出："兴建把长江水引到黄河以北的南水北调工程"。

1987年7月，国家计委正式下达通知，决定将南水北调西线工程列入"七五"超前期工作项目。

2000年6月5日，南水北调工程规划有序展开，经过数十年研究，南水北调工程总体格局定为西、中、东三条线路，分别从长江流域上、中、下游调水。（见图4-4）

2.工程方案

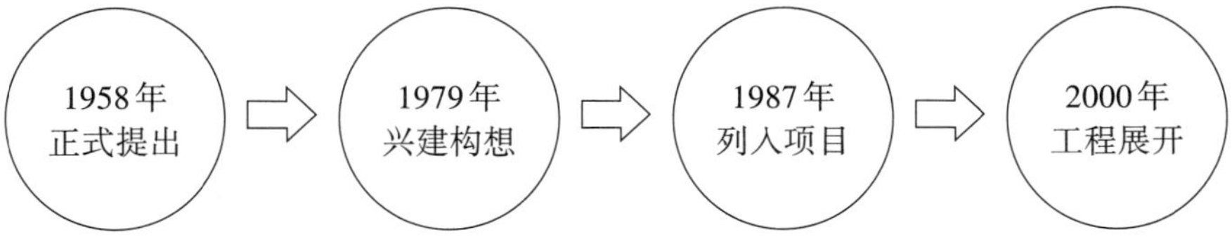

图4-4　南水北调工程推进时间轴

南水北调总体规划：东线、中线和西线三条调水线路。通过三条调水线路与长江、黄河、淮河和海河四大江河的联系，构成以"四横三纵"为主体的总体布局，以利于实现中国水资源南北调配、东西互济的合理配置格局。

（1）东线规划

利用江苏省已有的江水北调工程，逐步扩大调水规模并延长输水线路。东线工程从长江下游扬州抽引长江水，利用京杭大运河及与其平行的河道逐级提水北送，并连接起调蓄作用的洪泽湖、骆马湖、南四湖、东平湖。出东平湖后分两路输水：一路向北，在位山附近经隧洞穿过黄河；另一路向东，通过胶东地区输水干线，经济南输水到烟台、威

海。东线工程开工最早，并且有现成输水道。（见图4-5）

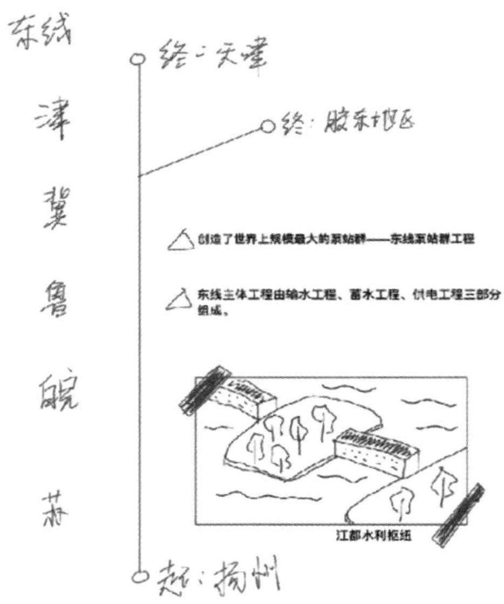

图4-5　东线规划

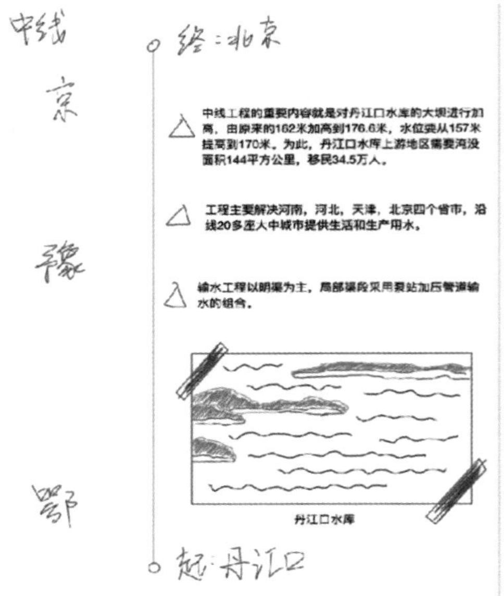

图4-6　中线规划

（2）中线规划

水源70%从汉江流域汇聚至丹江口水库，由丹江口大坝加高后扩容的丹江口水库调水，从河南南阳的淅川陶岔渠首闸出水，河南沿豫西南唐白河流域西侧过长江流域与淮河流域的分水岭方城垭口后，经黄淮海平原西部边缘，在郑州以西孤柏嘴处穿过黄河，继续沿京广铁路西侧北上，可基本自流到终点北京。（见图4-6）

（3）西线规划

在长江上游通天河、支流雅砻江和大渡河上游筑坝建库，开凿穿过长江与黄河的分水岭巴颜喀拉山的输水隧洞，调长江水入黄河上游。西线工程的供水目标主要是解决涉及青、甘、宁、内蒙古、陕、晋等6省（自治区）黄河上中游地区和渭河关中平原的缺水问题。结合兴建黄河干流上的骨干水利枢纽工程，还可以向邻近黄河流域的甘肃河西走廊地区供水，必要时也可及时向下河下游补水。目前该项目还没有开工建设。

思考与交流

除了“高大上”的水电站和调水工程，水还和我们的生活经济息息相关，我们利用水，将水转化为我们在农业、工业、旅游业等领域所需要的资源，请以“水和经济”为主题进行思考，和小伙伴们讨论，互相交流。

二、水资源与经济

（一）农业

目前最常见的和农业相关的水资源利用与转化是农业灌溉。不同地区农作物生长特点不同，对水的需求也不尽相同，主管部门应因地制宜，在水资源相对集中的地区采用喷灌、滴灌等节水技术，确保作物生长，避免高耗水灌溉方式。科学的节水方法可以促进农村农业的改善，减少低产农田面积，合理种植，扩大灌溉面积和作物产量，新的农业灌溉方式不仅可以减少水资源的浪费，同时也大大降低了农业生产成本，提高了农业生产效率，增加了农民收入。

（二）工业

在技术不断革新的今天，我国通过合理规划水资源以及大气开发、污水处理、海水淡化等积极开展工业节流政策，对水资源进行循环再利用。其中，污水处理的发展对我国工业有着不可忽视的意义，工业污水的再利用是通过对污水进行分解处理，再进入净化渠道循环，从而更好地改善水质达到水资源循环利用的效果。工业污水的再利用不仅减少了企业对水资源的大量需求，还改变了企业本身的精神面貌，同时对环境的保护也起到了关键作用，让人们更好地放心饮用地下水。水资源的利用和转化在工业中起到了提升使用率、循环率和污水处理等作用，为工业的可持续发展奠定了基础，直接影响相关企业和市场的经济收益和未来的发展空间。

水资源短缺成为制约我国经济社会发展的重要因素，必须坚持“开源节流并举、节约优先”的原则，加强全社会的节水工作，以水资源的可持续利用支持经济社会的可持续发展。我国未来工业对水资源的需求呈增长的态势，因此，除了科学预测工业需水量之外，提高水资源利用和转化的效率和合理性，才能合理配置和高效利用水资源，保障和促进我国工业化的发展。

（三）旅游业

我国的自然风景区，以水资源为主题大致可归纳为两大类，第一类是由其他风景资源与风景水资源并存的风景区，如：长江三峡、桂林山水、本溪水洞等；第二类是以风景水资源为主体构成的风景区，如：长白山天池、杭州西湖、黄果树瀑布等。作为第三产业中的重要组成部分，旅游业对水资源的需求和依赖在近年来尤为凸显。许多水资源丰沛的地区将水资源“转化”为旅游资源，或者利用水资源为旅游产业做支撑。

比如浙江省丽水市，作为六江之源，水资源丰富且优质，深耕“水旅”文化资源，推进项目催化。围绕推进山水生态的经济效益高效释放，通过将水文化与生态旅游相结合，打造特色化水旅文化资源，推动休闲康养项目孵化。如该市在的松阳县，利用北宋白龙堰，明代青龙堰、午羊堰等十余座古堰坝，禹王宫遗址等历史文化资产，在松阴溪岸建成集文化展陈、科普、体验为一体的水文化公园。

科学大视野

葛洲坝水利枢纽工程是我国在长江上兴建的一座特大型水利枢纽工程，有很多技术问题首次碰到，也没有经验可借鉴。我国水利专家提出的“静水过船，动水冲沙”的方法，解决了葛洲坝船闸引航道泥沙淤积问题。有兴趣的同学可以结合物理等学科的知识，进一步探索水电站中的“小秘密”。

职业探索

水资源利用与转化的生涯知识

（一）相关专业

与水资源利用与转化相关的专业有水文与水资源工程、水利水电工程，主干课程包括自然地质学、气象与气候学、水力学、河流动力学、水利工程、水文学原理、水文统计学、水资源学、地下水文学、环境化学、水利法规、工程力学、岩土力学、工程地质及水文地质学、工程测量、工程经济学、建筑材料等。不难发现，要进一步学习和掌握水资源利用与转化的技能，单单学好一门课程是不够的，在中学阶段学好化学、物理、地理、政治等学科，融会贯通，才能为将来的专业学习打好基础。如果有留学深造或者搞科研的计划，英语也是不能忽视的学科。

（二）就业方向

毕业后可就业于国土资源、水利、水资源、城建、环保、交通等部门相关领域，从事科研、教学、管理、设计和生产等方面的工作。如国家有关部委和地方水文工程勘察设计院、环境监测单位专业规划设计研究院（如水利勘察设计研究院、电力设计研究院、煤炭设计研究院、建筑设计研究院等）、工程施工单位、中外合资企业、教育部门、部队等，也可在水文学及水资源、地下水科学与工程等研究生专业继续深造。

【生涯小提示：学习如何查询国内外高校信息】

水资源相关专业世界排名：（见表4-1）

（来源：2019软科世界大学一流学科排名）

表4-1　水资源相关专业世界排名前十名大学

排名	学校名称	国家/地区
1	亚利桑那大学	美国
2	苏黎世联邦理工学院	瑞士
3	北京师范大学	中国
4	德州农工大学	美国
5	河海大学	中国
6	代尔夫特理工大学	荷兰
7	新南威尔士大学	澳大利亚
8	伊利诺伊大学厄巴纳—香槟分校	美国
9	清华大学	中国
10	加州大学伯克利分校	美国

实践活动

节水科技小发明

围绕水资源的保护、节约、可持续发展等方面为学校、社区或你的家庭设计一个节水科技发明项目，并号召全家共同参与一个月的节水行动，比较节水前后水费的变化。

学生作品展示：（见图4-7）

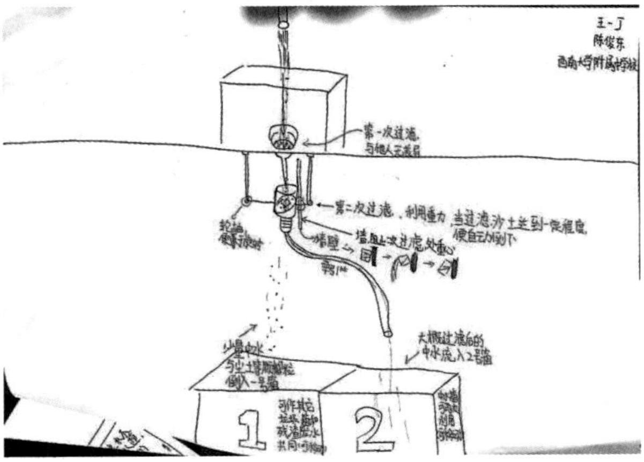

图4-7　王一丁、陈俊东《净水先锋》

【设计说明】“净水先锋”两个设计创新点：

第一，在现有的家用下水管道过滤装置下设计安装一个过滤装置进行二次过滤，避免了下水道堵塞情况频发，并利用重力作用设计了一个垃圾储物盒接收垃圾，直接将餐厨垃圾在这里进行分类，减少二次垃圾分类。

第二，在二次过滤的下水管末端设计了一个储水盒，经二次过滤的中水可以暂时储存在这里，满足家庭中拖地浇花等对水质清洁度不高的用水需求。

思考与总结

在本节的结尾，希望同学们不忘初心，回到我们最初的生涯目标：了解水资源利用和转化的知识，进一步知晓和水资源利用和转化相关的高校专业以及职业信息，拓宽视野。结合“认知、合作、创新、职业”四大关键能力，从以下四个方面进行自我审视，不断进步。

★明方向：是否明晰并掌握了本节的基本知识理论？如对水资源有浓厚兴趣，是否对自己未来的学习和职业生涯有了方向性的规划思考？

★拓视野：是否有意识、有规划、有行动地了解国内外相关的资讯？同老师交流或者和同伴分享。

★勤思考：是否对现有的知识有自己不一样的看法？是否针对在学习中萌生的创意点子和收集的信息进行了整理和分析？要把学习和思考紧密结合起来。

★重实践：在课外探求或者其他综合实践活动中是否将理论知识学以致用？是独自完成还是合作进行的？

第二节　微生物对水体污染的自净作用

在快速的城市工业化发展进程中，河流、湖泊等自然水体在全世界范围内都受到了不同程度的重金属污染或富营养化污染。某一区域水体的水质优劣与众多各类污染源的排放有关。重庆主城区处于三峡库尾的回水变动区，水环境问题较为复杂。支流区污染较为严重的北碚断面和该段嘉陵江处于重庆市主城区、人口较为密集有密切关系。而水体污染又反过来影响人们的生产生活，制约经济的发展。

这些未经处理的污水排放到河流、湖泊等水体中，进一步加重了水体污染。微生物种类繁多、适应性强，不同种类的微生物具有不同的代谢途径，因此能较快速、全面地反映水体水质特点。某些特定微生物会将生活污水中的大分子物质分解为小分子物质，以便细菌、霉菌等对其进行利用。

学与问

什么是自净作用？你了解哪些生态环境中自净作用的例子？

一、水体污染物分类

(一)水体主要污染物分类

可分为五大类:

病原体:细菌、病毒、真菌、寄生虫等。主要来自生活污水,医院、生化研究所排放的废水中含病原体量较多。主要危害是传播疾病。

无机无毒物:酸、碱、盐、氮、磷等植物营养物质。

无机有毒物:重金属、砷、氰化物、氟化物等。

有机无毒物:油脂、糖类、蛋白质等。这类物质在水中被微生物吸收时消耗溶解氧,当溶解氧浓度下降时,对水生动物造成影响。

有机有毒物:人工合成的有机物质如有机农药,苯酚、多环芳烃、塑料、合成橡胶、人造纤维等高分子聚合物。这类物质大多是石油化工产品。

(二)重庆三峡库区主要水体污染物种类

1.总磷

为了解决三峡库区水富营养化问题,重庆市政府根据国务院《防治三峡库区水污染条例》,于2002年9月颁布了“禁磷”通告,即从2003年1月1日起禁止销售和使用含磷洗涤剂。但“禁磷”通告只解决了三分之一的磷排放,其余占三分之二工业含磷废液没有得到有效治理,对三峡库区水质恶化的威胁依然存在。我们应加强生态农业建设,合理施用化肥和农药,适度发展人工养殖,积极控制水体面源污染。

2.石油类

由于库区航道条件的明显改善及旅游资源的不断开发,库区航运业及旅游业迅速发展,由船舶等流动污染源导致的污染,尤其是石油类污染有不断加重的趋势。水上运输船舶大量增加,船上垃圾、污水、石油类污染物大量排入水体。有资料显示,库区船舶入江垃圾每年上万吨,含油污水约数十万吨。应加强对机动船舶垃圾的监督检查,推广水润滑轴承技术,安装油水分离装置。

3.高锰酸盐指数

高锰酸盐指数超标主要原因是汛期泥沙排入水体,导致污染加重。应大力开展封山植树、退耕还林还草、治理水土流失。

4.重金属类

重金属类污染源主要来自工业污水的排放,及汛期泥沙带入。通过减少污染源排放的工业废水量,降低其废水浓度来达到减少工业废水排放、保护三峡库区水环境的目的。如改革生产工艺，尽量少用或不用水，尽量少用或不用易产生污染的原料、设备及生产工艺；尽量采用重复用水及循环用水系统，使废水排放量减至最少；尽量使流失到废水中的原料和成品与水分离、就地回收，这样有利于既降低生产成本，又降低废水浓度，还减轻废水处理的负担；等等。

5.粪大肠杆菌群

目前，城市生活污水处理率很低，粪大肠杆菌群零处理排放。随着城市人口增多，第三产业的发展，城市生活污水量将会增多，若不积极治理，城镇生活污水很可能成为库区水污染的隐患。因此，为了确保生活污水不对三峡库区水环境造成污染，必须在污水排入库区以前，对其进行妥善处理，使其实现无害化排放。

二、利用微生物技术治理水环境实验方法

（一）显微镜观察

借助显微镜可以观察肉眼看不到的细菌、真菌等微生物。普通观察可利用光学显微镜，而电子显微镜则可观察内部亚显微结构。

常用显微镜有如下几种：

1.普通光学显微镜

普通光学显微镜由一套透镜组成，分为机械装置和光学系统两大部分，其中机械装置包括镜座、镜筒、物镜转换器、载物台、推动器、粗准焦螺旋、细准焦螺旋。光学系统则包括反光镜、聚光器、物镜、目镜。光学显微镜波长约为0.4μm，分辨率为0.2μm，可用于细菌、真菌和放线菌的观察。

2.暗视野显微镜

暗视野显微镜的聚光镜中央有挡光片，光线不直接进入物镜，因而视野的背景是黑的，物体的边缘是亮的。其分辨率比普通显微镜高约50倍。

3.荧光显微镜

荧光显微镜大多采用落射光装置，在高压汞灯光源的作用下，发出蓝紫光或紫外光。适用于细菌与荧光抗体结合后的检测或鉴定。

4.电子显微镜

电子显微镜的光源为电子流，磁性电圈为光学放大系统，分辨率较高，可用于细菌、病毒等超微结构的观察。

（二）制片和染色

1.非染色标本

非染色标本主要针对需要观察生物的形态及运动情况的实验，未染色的细菌标本

大多呈现无色透明状，带有鞭毛的细菌运动极快，无鞭毛的则呈现不规则运动。通常情况下，不同的细菌呈现不同的运动方式。

2.染色标本检查

标本染色后可以更清晰地辨识细菌的大小、形状等特征，对于具有特殊结构的生物根据染色可以进一步分类鉴定。

(1)细菌染色的一般程序

细菌染色的一般程序是：涂片（干燥）—固定—染色—媒染—脱色—复染。

(2)涂片制备

血液、分泌物等液体培养物可在载玻片上直接做成薄膜涂片；菌落或菌苔等固体培养菌需用无菌接种环取少量的培养物置于盛有少量生理盐水的载玻片中央，涂布成涂面后自然干燥或烘干。

(3)固定

通常用火焰加热已干燥的涂片，可将涂片迅速在火焰中通过三次，从而杀死细菌，使其黏附在载玻片上，防止被水冲洗掉。

(4)染色

根据不同的实验原理和目的，滴加不同的染液进行染色。

(5)媒染

常用的媒染剂有明矾、金属盐、鞣酸和碘等，主要起到增强染料和被染物之间的亲和力。在初染与复染之间，固定之后均可利用媒染剂帮助染料固定。

(6)脱色

常用脱色剂有乙醇、丙酮等，主要目的是使已着色的被染物脱去颜色，最终起到鉴别染色的作用。

(7)复染

利用复染液对脱色处理过的细菌进行复染，从而形成颜色差异，便于观察。

(三)微生物接种和培养

大多数细菌可直接利用培养基进行人工培养，但某些病毒的分离培养却往往需要特殊细胞株或动物接种，才能最终实现进一步的研究和应用。

1.接种与分离方法

根据待检标本的性质、培养目的和所用培养基的种类，采用不同的接种方法。

(1)平板划线分离培养法

平板划线分离法可将原本多种细菌混杂的标本进行各自分离和培养，挑取单个菌落，获得纯种。平板划线分离法通常分为连续划线和分区划线分离法。连续划线需要在琼脂板上1/5处轻轻涂抹，然后再用无菌接种环在平板表面连续曲线划线接种，直至划满琼脂平板表面。分区划线分离则先将琼脂平板分为4个区，用无菌接种环蘸取样本在1区涂布划线，接着在剩余区域依次划线，最后分别观察各区形成的菌落。

（2）琼脂斜面接种法

当菌落需要进行纯种鉴定或保存时，可用无菌接种针挑取单个菌落，从培养基斜面中央垂直刺入底部，沿直线向上抽出后在斜面上由下至上曲折划线接种。

（3）液体培养基接种法

常用液体培养基包括肉汤、LB、7H9培养基，用无菌接种环或移液枪将少量菌液加入至液体培养基中，注意接种时不要与液体过多接触，防止形成气溶胶，污染实验室。

（4）涂布接种法

常被用于药敏实验的细菌接种，取适量菌液加入固体琼脂培养基表面，接着用无菌涂布棒从不同角度进行反复涂布，使被接种液均匀分布在琼脂表面，最后贴上药敏纸片，或也可直接培养，观察最终菌苔形成情况。

2.细菌的培养方法

根据培养目的不同可对各种细菌进行分别培养。常用的细菌培养方法有需氧培养、微需氧培养、二氧化碳培养和厌氧培养四种。

（1）需氧培养

需氧培养是指需氧菌或兼性厌氧菌在有氧条件下的培养。将接种完并晾干的平板倒置放于36℃培养箱内培养18~24h，观察细菌生长情况。注意需用遮光处理的可用锡箔纸包裹后放置培养。

（2）微需氧培养

部分微需氧菌的培养需要将其接种到相应培养基上后，置于含有5%~6%氧气、5%~10%二氧化碳和85%氮气的气体环境，35℃进行培养即可。

（3）二氧化碳培养

常用二氧化碳培养箱实现二氧化碳培养，实验室二氧化碳培养箱可自动设置二氧化碳含量、温度和湿度，对于特定细菌的培养简单且易操作。

（4）厌氧培养

常用培养厌氧菌的方法有化学法、物理法和生物法，例如厌氧罐培养法和气袋法等。

想一想

利用微生物净化水体的优缺点？

三、水体微生物研究取样方法

(一)制定采样计划

根据实验目的,我们在采样之前首先要确定适宜的采样点、采样方法、天气、温度、需要的样品数量以及线路等。采样过程中及时记录采样情况,形成规范的采样报告。

(二)采样器具

(1)采样设备

常用采样设备包括普通采样器、排空式采样器、多通道综合深度采样器。其中,排空式采样器可以根据需要进行特定深度的水体采样。

(2)采样容器处理

采样容器清洗后需通过高温高压灭菌处理并烘干,采集样本时若需更换采样地点,应用75%酒精对相应仪器设备进行消毒处理。

(三)水体样本取样方法

(1)样本采集

依据实验目的确定水体的取样深度以及取样范围,利用专门采样器进行采样。

(2)样本处理

根据实验要求,使用孔径适当的滤膜,抽取1—100 L水体(不同水质间差异极大),或当滤膜上出现明显覆盖物即可。其中,污水等菌群丰富的水体抽取用量约为200~1000 mL;自来水中菌群含量较低,约取水1~5 L;河流、湖泊等自然水体可抽取1~2 L,不同季节、不同区域略有差异。

(四)水中沉积物、底泥和污泥等样本取样方法

(1)水中沉积物、底泥取样方法

根据实验目的确定采样具体深度,接着用重力取样器进行采样,取出的水中沉积物应及时保存于冻存管中,标记样本信息,在黑暗条件下,快速运回实验室并在-80℃条件下保存。

(2)活性污泥样本取样方法

活性污泥样本采集可在进行多点取样后与悬浮污泥样本均匀混合,再保存至冻存管中,黑暗条件下,快速运回实验室并在-80℃条件下保存。

(五)样本寄送

送样管(冻存管)必须标明样品的编号,用封口膜密封管口。填写相应送样单,与样品一起存放于干冰中寄送至测样公司。

学与问

为什么要研究微生物对水体污染物的自净作用？微生物法处理污水的优缺点是什么？

科学小档案

David Hendricks Bergey：美国细菌学家，他首次提出了细菌分类系统。

职业探索

随着生物技术广泛应用，微生物学对人类的生产、生活将产生巨大影响，有极大的社会需求。微生物学是生物类专业、农林业、环境工程、医药卫生及生物工程等专业的分支学科，研究各类微小生物（细菌、放线菌、真菌、病毒、立克次氏体、支原体、衣原体、螺旋体原生动物以及单细胞藻类）的形态、生理、生物化学、分类和生态等。主要课程有基础微生物学、动物病原微生物学进展、动物免疫学研究进展、微生物学实验技术、分子生物学等，毕业后可以选择从事农林医药卫生、生物技术、环境工程等技术研发，以及高等学校、科研机构的教育教学和科研工作。

调查与实践

选择一种你熟悉的水质污染物、一种生物，设计一个小实验认识生物的自净能力。

第三节　水资源利用和保护案例研究

水资源利用和保护是水环境保护的重要问题。解决水资源发展中不断出现的矛盾，重视水资源的合理开发、综合利用、再生回用，有利于实现人与自然和谐发展，环境的可持续发展，全社会都在积极响应“美丽中国，我是行动者”的号召，也提出了一些水资源保护新措施、好方法。本节介绍如何开展水资源保护和利用案例研究。

一、水资源利用与保护案例研究过程

(一)发现水环境问题,确定研究目标

环境保护与可持续发展是个世界性的问题,节能环保、绿色经济等议题的研究对于提高中学生的环保意识和能力有重要意义。另外,许多学科知识与环境问题密切相关,将社会需要与基础知识紧密结合起来,可以让我们认识学科学习的价值和意义。水资源保护和利用领域面临诸多复杂问题,涉及水文状况分析、水质分析、污染物处理等多学科、多领域交叉,要解决一项环境问题需要多学科知识基础,并进行科学的探究与论证,在此过程中可以激发我们对相关学科和专业领域的兴趣、锻炼综合能力。我们应了解水资源现状并积极发现问题,寻找水资源环境保护中急需解决或容易忽视的问题开展研究,进行发散思维训练,积极参与讨论并深入分析,积极主动思考,定向深入探究问题。

(二)制定研究方案,设计研究路线,解决问题

在明确研究方向和研究内容后,通过个人的独立思考或小组协作开始制定研究方案,通过项目策划和实施体验用智慧解决社会实际中的真实问题。研究方案的设计是整个研究过程中的重要环节,在科学探究中起着承上启下的作用。设计研究方案是一个颇具挑战性的活动,是考查逻辑思维能力、创造力、自主学习能力、综合实践能力的有效途径。我们要选择合适的研究方法,了解科学调查研究的基本要素,知晓研究方案设计的基本流程及原则。我们要在方案设计中锻炼自己的实践能力,同时有意识注意探究意识、科学思维、科学方法等方面的训练。

(三)研究实施

水资源利用与保护项目研究实施涉及化学、生物学、数学、地理、环境科学多个学科,其中,多学科知识整合能力是项目研究过程中的重点。另外,研究过程中,研究方法、研究内容的选择,研究方法的摸索,研究方案的论证等等都是需要重点关注的问题。在水资源保护和利用项目实践中应逐步掌握科学研究的一般方法,培养认真严谨的科学思维、质疑精神,具备一定科学素养。

(四)撰写研究报告

研究报告是在项目研究基础上记录研究过程,分析研究结果,得出研究结论,它是项目研究结果的主要体现形式,也是最核心最复杂的部分。项目研究报告有相对规范的格式及要求,其结构主要包括摘要、关键词、研究背景、研究方法、研究内容、分析讨论及结论、参考文献等几个部分。要求目的明确,思路清晰,论证严谨,语言简洁。可以以合适的范文为例,参照学习项目报告的每个部分具体写法及要求,包括文本主体格式、

参考文献的格式，明确撰写研究报告的规范，在反复训练中提高写作水平。在中学阶段进行研究报告写作训练，对于大学阶段的学习和工作后的继续深造都大有裨益。

（五）案例学习

以优秀的水资源利用与保护典型案例为例，学习科学研究的一般方法，在案例学习中借鉴经验。分析学习典型案例，理论联系实际，通过对案例的学习、思考、分析、讨论等，加深对水环境问题的理解，学会分析问题和解决问题的方法，提高辨别分析、解决问题的能力，培养自主学习意识及能力，发展创新思维。

实践活动

我们身边的、家庭或学校周边存在哪些水环境问题？有哪些好的方法和建议改善该状况？选择一个较突出或典型的问题作为我们研究的对象，尝试选择研究伙伴组建研究小组，拟开展研究。

二、人工湿地案例研究

湿地是地表过湿或经常积水，生长湿地生物的地区。湿地具有保护生物多样性，调节径流，改善水质，调节小气候，以及提供食物及工业原料，提供旅游资源等多种功能。湿地生态修复在水资源愈发紧张，城市水环境越来越差的今天有特殊意义。

浙江杭州西溪国家湿地公园位于浙江省杭州市区西部，总面积11.5平方千米，湿地内河流总长100多千米，河流众多，沼泽密布，约70%的面积为河港、池塘、湖漾、沼泽等水域。长三角生态文明研究中心主任沈满洪教授这样评价西溪湿地："它在杭州推进绿色治理，促进人与自然和谐相处、共生共荣方面，扮演着十分重要的角色，提供了非常有价值的实践样本。"湿地在实施水源污染监测的基础上，主要从降低人为污染、疏浚、截污、生物治理，改善水体环境和水体质量，保护和提升动植物生态系统的多样性和稳定性，恢复湿地生态系统的自净功能等方面入手。

马鞍溪湿地公园位于重庆市北碚区，总占地面积约1100亩，总长约4千米，总投资约1.2亿元。湿地公园不仅绿树成荫、植物繁多，生物多样性丰富，还有健身步道、休闲娱乐区、景观坝等，是附近居民健身休闲的好去处，也是附近学生们开展科学研究的实验基地。下面就是一个兴趣小组开展的调查研究项目。

三、案例学习

城市生活废水人工湿地处理模型的构建

西南大学附属中学水科技2017级研究小组

（一）研究背景

马鞍溪位于北碚城区的西北部，发源于缙云山，向东北流经龙滩子水库、西南大学教学农场、北温泉九号、西南大学橘园、柳林苑、文星湾大桥，最终汇入嘉陵江。由于工业发展、城市建设、生活废水排放导致了美丽的马鞍溪陷入污染之中。2011年重庆市北碚区政府斥资1.2亿元修建了马鞍溪湿地公园，建成后的湿地公园成了人们休闲锻炼的好地方，但是，通过调查仍然发现不少问题有待解决。通过实地研究马鞍溪湿地特点，对比其他各地的湿地处理方案，并完善各项措施，使其更经济、更效益、更环保，形成一套完整的湿地处理体系模型，保护我们的生态环境，保护我们共同的家园。

（二）项目研究目的和意义

了解重庆市北碚区马鞍溪生态环境变化的原因，总结其成功的经验措施，形成一个适用于它的湿地处理的模式范本，用于治理全国约占河流总长度19.5%的三级污染小溪。

（三）研究过程

1.发现问题

（1）生活污水随意排

溪水边有排污管排放出浑浊的黏稠状的生活污水和沿岸餐饮娱乐业的污水，排放口附近出现了油状的漂浮物，严重影响了水质。

（2）农业污染严重

我们发现沿岸有开荒种田的现象，这样可能会有化肥、农家肥污染水源。

（3）水体富营养

生活污水中的磷主要来源于洗涤废水，当大量氮、磷营养物质排入水体后，促使某些生物（如藻类）急剧繁殖生长，生长周期变短。藻类及其他浮游生物死亡后被需氧生物分解，不断消耗水中的溶解氧或被厌氧微生物所分解，不断产生硫化氢等气体，使水质恶化，造成鱼类和其他水生生物的大量死亡。藻类及其他浮游生物残体在腐烂过程中，又把生物所需的氮、磷等营养物质释放到水中，供新的一代藻类等生物利用。因此，水体富营养化后，即使切断外界营养物质的来源，也很难自净和恢复到正常水平。

（4）固体废弃物

小溪中时不时会有白色垃圾出现，严重影响了美好的环境，而且废旧塑料包装物进入环境后，由于其很难降解，会造成长期的、深层次的环境问题。

2. 马鞍溪污水处理体系现状考察分析

根据实地考察的结果，其处理系统主要包括三部分：前处理、人工湿地处理和自然湿地复合处理。马鞍溪采取的前处理包括氧化塘和人工曝气瀑布。氧化塘是一种利用天然净化能力对污水进行处理的构筑物的总称。其净化过程与自然水体的自净过程相似，通过联合人工曝气瀑布增加充氧量，加速生物降解。（见图4-8）

图4-8 人工投放大薸净化水质

氧化塘是一种较为普遍，对水体副作用较小的前期处理。但经过我们的调查，直接将未经沉淀处理的污水引入人工湿地，虽然首级人工湿地去除率高，但容易引起堵塞等问题，使维护费用增加。因此，加入沉淀池作为人工湿地系统前处理是非常必要的。人工曝气瀑布分三道的使用则颇具成效。

表1 北温泉九号上游水体指标记录

水体状况	颜色	透明度	气味
处理前	褐绿色	浑浊度高	恶臭
处理后	淡黄色	透明	正常水腥味

表2 好吃街到云景华庭路段水体指标记录

水体状况	颜色	透明度	气味	周围植被
处理前	墨绿色	浑浊	腥臭味重	少有植被生长
处理后	无色	透明	无味	大量水草堆积，有成片美人蕉

3. 评估与建议

针对氧化塘、人工湿地处理提出了一些优化方案：

氧化塘由于容易被淤泥堵塞，不利于出水，我们建议先通过沉淀塘进行沉淀，再进行氧化塘处理。

对于人工湿地处理，我们建议更科学地种植美人蕉，达到高效净水的目的。

在景观桥附近加入立体水下森林，美化景观，使植被多元化，稳固处理。

对于整体植被的种植，依据河流流向以及地理位置，我们建议偏南种植植被，效果更佳。

此种人工湿地处理模型，不仅适用于大型污水处理工程，更能应用于小区生活污水处理，校园污水处理，可达到治污与美化环境的双重目的。

想一想

如果你是水科技小组一员，你认为马鞍溪湿地公园研究还有哪些不足之处，你可以提供一些建议吗？

调查与实践

组建研究小组，根据与老师讨论后的方向，确定一个选题，设计一个水资源利用与保护的实践活动方案并开展研究活动。

第四节 水项目活动策划

为进一步激发广大青少年关注环境、关心环保的热情，培养他们的创新精神，为保护和改善我市的生态环境做贡献，可组织学生开展节水、爱水、护水项目的短期或长期的系列活动。如以本地区水资源现状及利用（如河流、湖泊、水库、海洋、池塘、沼泽等）为对象开展项目活动。水项目活动大致可分为宣传创意类、实践调查类和发明创新类三个类别进行。如建立公民水环境意识：唤醒一个人，影响一家人，带动一社区，影响几代人。

一、宣传创意类

以如何唤醒和提高节水意识、促进更多的人加入爱水节水的实际行动，积极推动社会宣传与公众参与的创意宣传活动为目的进行策划，可采取“线上线下”结合的方式，利用地球日、湿地日、环境日等环保纪念日或根据中国节气等为开展契机，可以围绕所在地区的水资源现状、水资源节约保护等内容开展一个长期或短期的校内外主题宣传项目。一般情况下，易于参与和接受的形式有节水标识设计、创意海报（可手绘或电脑绘制）、摄影、动画制作、微视频、废物再利用设计、话剧、歌曲、舞蹈、节水小游戏、与水相关的小实验等。

在提前做好安全预案和安全措施的情况下，策划开展项目活动可参考的一般原则有：

（一）以学生为本原则

开展水环境保护项目除了培养学生的环保意识以外，另一个主要目的是培养学生的创新能力。在进行活动策划时应以学生为主体，充分锻炼各项综合能力。（见图4-9）

图4-9　学生社团自主开展活动

（二）趣味性原则

开展内容丰富多彩，形式多样，生动有趣的宣传创意类水环境保护活动，符合青少年的身心发展特点，不仅广大同学们乐于参与，普通大众也喜闻乐见。

（三）合作性原则

“三人行必有我师焉。”同学之间要学会协作，相互取长补短，吸取众家之长。同学间需要相互学习，校际也有相互合作，学校可以和兄弟学校建立合作关系互通有无共同成长。（见图4-10、图4-11）

图4-10　小组合作开展水循环研究

图4-11　与加拿大姐妹校合作自然笔记项目

（四）校本性原则

水环境宣传创意类活动基于学校，为了学校，并在学校中进行。主要是以师生为主，以我们身边遇到的实际问题为对象，在环境中采用多种资料和方法，进行探究，分析资料，总结经验而形成理论。

（五）拓展性原则

从时间长度和项目深度进行拓展，如安排每届学生长期对同一河流进行水质监测，向社区其他兄弟学校拓展，拓展国际合作项目。（见图4-12）

图4-12　学生持续开展水质监测活动

（六）前瞻性原则、推广性原则

环境是在不断发展变化的，应时刻关注这种变化，并不时摒弃旧的知识框架，主动去思考问题，发现问题，培养创新精神和求实精神，把握动态，甚至要引领动态。

学生节水创意海报成果展示：

曾经，地球是一个蔚蓝的星球，她拥有丰富的水资源。然而，在人们肆意破坏中，水被污染，纯净的水资源越来越少。当水资源被消耗殆尽之时，地球会变得怎样呢？没人能准确预料！然而，匮乏必定带来灭亡，污染的开始必定以灭亡终止，有始必有终。（见图4–13）

图4–13 《有始必有终》
高一（1）班　鲜铭

大海是蔚蓝的，水之世界是纯洁、清透的，但由于人类及其他因素的影响，原本美好的一切化为泡影。海水不再蔚蓝，水之世界不再纯净。取而代之的是污浊的一片。欢游的鱼儿都成了尸骨，在这荒芜的海底，只有鱼儿的记忆拉出一片烦琐。过去的世界，多么美好啊！可惜，这只是鱼儿们的回忆了，难道过去只能化为记忆拼图，让我们留恋而不能重现吗？（见图4–14）

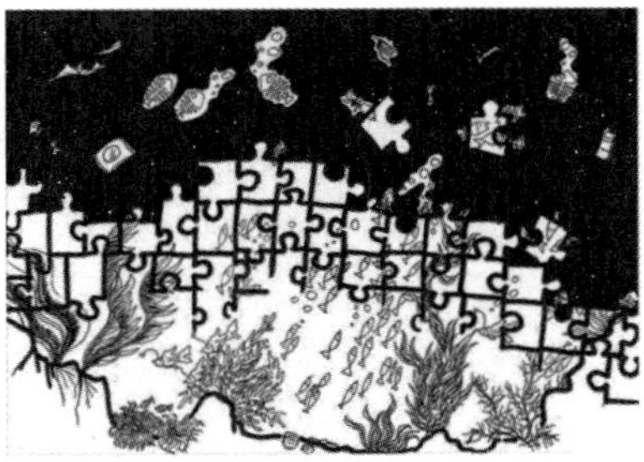

图4–14 《拼出的美好》
王怡雯　高一（11）班

心脏是支撑我们整个生命体运作的动力，而水是整个自然界循环系统的血液，可以说，水是自然界的命脉。而对于人，心脏和水更是并蒂莲、双生花，相互联系得丝丝入扣。可却有那么些人，肆意浪费水资源，殊不知那点滴逝去的水一如对我们生命余时的倒计时，水流尽的那一天，我们的心也将不再勃起，这最后一滴水，将是从心上挖出的血滴，更是忏悔的泪滴。（见图4–15）

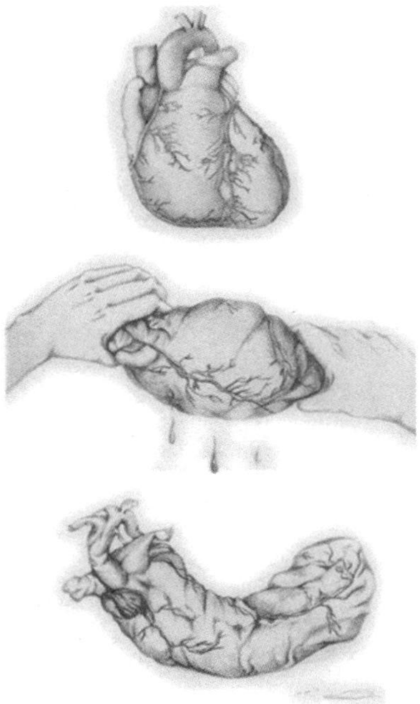

图4–15 《谁拧干我的心》
艾佳　高二（4）班

由于地球破坏严重，导致地球沙漠化，仅有的水资源已经不能满足生物的需求。绿色的大洲已离我们远去……茫茫未来，我们该何去何从……（见图4–16）

水污染对鱼的影响极大，人类是水污染的罪魁祸首。我们不得不反思自己的行为是否对水资源、

对气候、对自然造成危害。(见图4-17)

图4-16 《何去何从》 周梦蕊 梁彦(高中)

图4-17 《鱼》 周紫薇(高中)

人类对地球所造成的结果,最终会回到人类自己身上。(见图4-18)

人们过度的开发自然资源,将变为金钱的同时埋葬的是我们自己。(见图4-19)

图4-18 《平衡》 施怡初(初中)

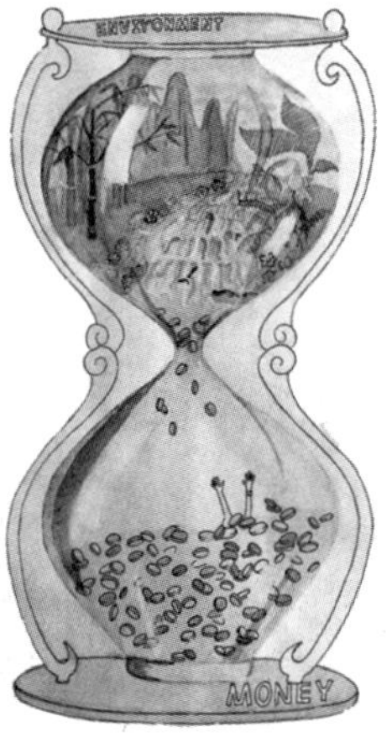

图4-19 《金钱的背后》 刘芷菡(高中)

除了从节水方面思考,也可以从关注母亲河入手,选其中一个点“以河流为生的人们生活”展开调查和想象,最终形成唤醒人们意识的画作。让参与的师生基于共同的河流主题,将自己国家的母亲河及其文化展示给大家,不仅利于提升本土文化发展,更重要的是引起更多的人关注我们的母亲河,了解和欣赏所涉及的河流。

西南大学附属中学师生以我们的母亲河长江为题材,以“长江野生动物研究”和“以河流为生的人们”为主题创作两幅作品,分别在“泰晤士艺术节”上的“三河演绎”“五河之洲”等项目展出获得好评,同时也在中国重庆、英国伦敦、印度加尔各答、南非开普敦、埃及开罗五个国家的城市展出一个月。(见图4-20、图4-21)

图4-20 《长江野生动物研究》

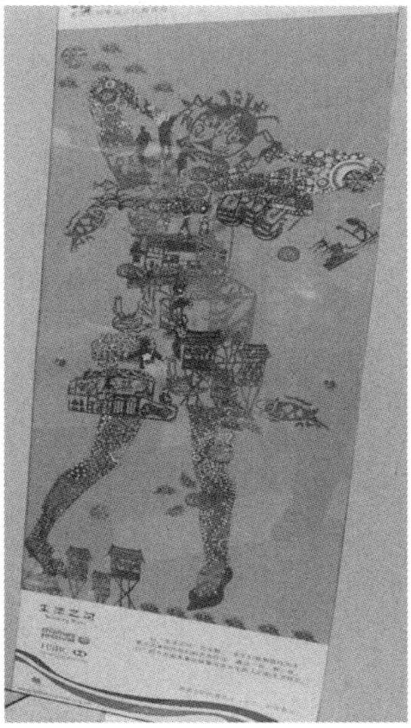

图4-21 《以河流为生的人们》

二、实践调查类

我国淡水资源有限，节约用水人人有责。通过学校与社区的参与式学习和行动，养护实践项目所选流域的生态环境，促进公众有效地参与水资源可持续管理，恢复水生的生态完整性。同时，我们应共同致力于建立以跨学科的方式开展学习和解决问题为特点的学习型社区，培养生态环保意识及水资源保护的科技创新能力。

改善和保护作为生态系统的水域，保护地面水与地下水的质量，保护鱼类和野生动物栖息地；加深人们对社会、经济和环境的相互联系的理解；提高公民解决问题的能力和应对环境挑战的创造性。可以对我们身边水环境的现状、通过进行参观学习和实际调查，邀约志同道合的同学一起加入河流监护队或“小河长”“小湖长”项目，或在老师的指导下成立调查小组，采用科学的方法进行实践调查、研究分析，以新闻图片或文字的形式体现出来，最终形成一份科学的调查报告、分析报告和合理建议并积极提交相应分管的政府部门。

可开展的方向有：

•对本地区可为人类利用的水资源现状为研究对象开展科学调查活动，并提出对其可有效利用或管理的设计或建议方案；

•加强对水体及污染源的监测和管理的研究及发明；

•对生活中可节约或循环利用水的创新发明；

•在某种产品生产过程中，减少用水量的生产设计方案；

•长江重庆段、嘉陵江下游段的生物多样性保护；

•节水发明。例如,洗衣在家庭用水中占有相当大的份额,目前洗衣机已非常普及,节约洗衣机用水十分重要。假设在放入衣物和洗涤剂后洗衣机的运行过程为:加水—漂水—脱水—加水—漂水—脱水—加水—漂水—脱水(称“加水—漂水—脱水”为运行一轮)。请为洗衣机设计一种程序(包括运行多少轮、每轮加水量等),使得在满足一定洗涤效果的条件下,总用水量最少。选用合理的数据进行计算,对照目前常用的洗衣机的运行情况,对你的模型和结果做出评价。

职业探索

水质工程师

水环境保护是关乎国计民生的事情,水质工程师除了需要具备环境工程、环境化学、环境微生物学、水质监测等相关知识以外,更重要的是还要具备高度的社会责任感和环保意识。水质工程师的主要工作是水资源的调查研究,水质的监测、管理和监督的预防和治理,为公众提供生活服务,为政府决策提供参考依据。

调查与实践

自主设计一件节水发明或创意作品,在班级进行交流展示。

第五章
水资源调查研究

“水是生命之源”，地球上千千万万种碳基生命的生存都离不开水。世界水资源总量约为14亿立方千米，其中97.47%是海水，淡水只占2.53%，且绝大部分为极地冰雪冰川和地下水，适宜人类享用的仅为0.01%。可供人类使用的淡水资源如此稀少，为了更好保护及利用日益紧缺的水资源，保障用水安全，保护生态系统水环境，解决相关生态环境地质问题，开展水资源的调查研究工作、掌握水资源现状至关重要。

希望同学们通过学习本章内容，掌握调查研究的基本方法，熟悉开展调查研究的步骤，能够独立或组队开展水资源调查研究项目，并且知悉水资源调查相关专业和职业信息。

第一节　调查研究概述

“没有调查，就没有发言权。”调查研究是人们认识社会、改造社会的一种重要手段，在自然科学和社会科学中得到广泛应用。所谓调查就是通过各种途径，运用各种方式方法，有计划、有目的地了解事物的真实情况，研究则是对所获得的调查资料进行考察分析，以获得对客观事物本质和规律的认识。在青少年综合实践活动中，调查研究是一个重要的环节，在一定的理论指导下，针对特定的问题，同学们有计划有目的地进行科学调查，收集相关数据，然后汇总分析，从而了解关于所调查问题的现状并作出科学的解释。

中学生在开展调查研究时，一要强调研究实证性，即以证据作为研究的基础；二要强调调查实践性，在进行调查研究时，通常会采用观察、访谈、问卷等方式获取调查对象的数据资料，通过对调查数据的分析，进一步了解调查对象的现状，分析原因并预测其未来发展趋势。

学与问

生活中有哪些问题或现象可以开展调查研究？你了解过调查研究的基本方法吗？

一、调查研究的意义

调查研究让学生在观察实践中开展学习活动，通过认识、分类、归纳和总结等科学调查研究方法，培养学生认知能力、合作能力、创新能力和职业能力。

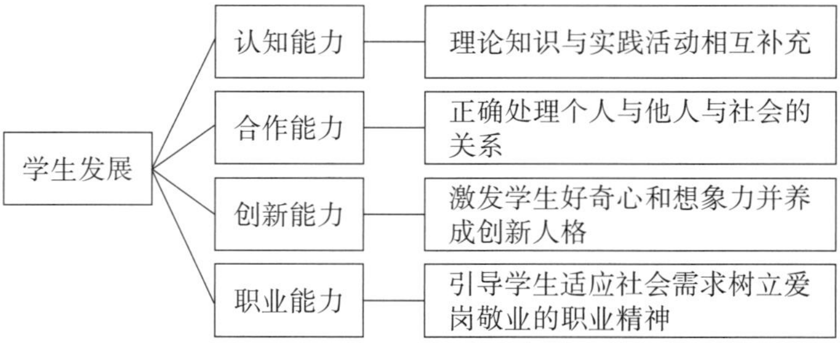

理论知识与实践活动的相互补充。调查研究的领域、对象、内容是多种多样的，学生走出课堂，开展调查研究，将课堂的理论知识在实践活动中加以应用，通过调查研究对课堂内容加以补充，提高学生的认知水平。

在调查研究过程中，教师通过实际观察到的采样地点的环境特征，为学生讲述该环境的成形原因，如水科技活动开展过程中，教师依据河流的形状为学生介绍相关的地理知识，介绍形成此类特征的原因，帮助学生进一步的认识自然环境类型。

正确处理个人与他人与社会的关系。开展调查研究一方面需要同学之间相互配合协助，另一方面，需要学生向他人主动询问，培养学生团队协作的能力和人际沟通能力；开展调查研究需遵守、履行社会道德准则和行为规范，培养学生社会责任感。

在人类发展过程中，人与自然息息相关。随着人类的不断发展，自然环境也发生了相应的变化。通过调查研究活动，可以让学生真实地了解到自然环境的现状，面临着哪些问题。通过与渔民沟通，了解到其中的鱼类种类减少，通过对相关河流的水质调查分析，水质污染严重，引发学生思考兼顾社会经济发展和保护环境的重要性，培养学生保护生物多样性的意识，提高学生对环境资源可持续利用的意识。

激发学生好奇心和想象力养成创新人格。开展调查研究的前提是学生对某一现象或某一问题产生研究兴趣，根据选题设计研究计划，实施调查研究。此过程需要学生勇于探索，大胆尝试、创新创造。

调查研究，需要学生学会相关的调研方法和分析手段，并根据研究内容予以创新。如水科技调查研究活动中，包括与渔民访问调研、嘉陵江水质采样、实验室水样的成分分析等，学生要适应在一些艰苦的自然环境里开展观察、采取样品、研究分析等，培养学生的主动性、动手能力和应变能力。

引导学生适应社会需求，树立爱岗敬业的职业精神。调查研究过程中学生对所涉及的学科、专业及职业有了初步认识，也知悉相关职业的工作内容及工作职责，可以帮助学生树立正确的职业观。

谢宇桢《"微"观马鞍溪——抗生素残留对环境的影响研究》中建议倡导每个公民积极了解抗生素知识,能合理使用抗生素;医务工作者重视病原筛查,有针对性地使用抗生素并规范控制用药剂量;药房执业药师充分发挥合理用药的指导作用,按照国家规定严格执行处方药销售规定,控制出售抗生素;相关高校、职业院校加强对从业医师的培训和考核。

二、调查研究的选题

提出(发现)一个问题比解决一个问题更重要

选题的关键在于选择有价值的问题。没有问题,就没有研究;没有真问题,就没有真研究。要解决问题,首先需要发现问题。那么,中学生开展调查研究的问题从哪里来?是否所有的问题都是课题呢?在将问题转换为课题的过程中要注意那些问题?我们来探讨这些问题。

(一)问题的来源

发现问题需要树立问题意识,把握问题的来源。问题意识是指关注事物之间存在的矛盾及其原因追究的心理品质。它表现为人对问题的关注及其敏感度。对问题的关注是指头脑中时刻有留意问题的心理准备。对问题的敏感度是指一旦出现有价值的问题,能够迅速地感知到它的存在,表现为两个层面:一是迅速地感知问题的存在,二是迅速地判断问题的价值。

问题的来源,是指问题产生的地方。把握问题的来源,从中发现问题,提出问题,进而就可以确立课题。从不同的角度看,问题有不同的来路。

1.从现实生活及自然界中寻找问题

学习生活中选题。学习过程中,我们会就某些问题展开讨论,化学、物理实验仪器使用的不方便,演示的不合理;课本中某一个问题的深入探讨不恰当、不合理,甚至有些错误不适合当代中学生。这些都是问题,针对问题由此及彼,深入研究,延伸知识面,有些问题还可上升为课题。

比如:“洗手水再利用——附中万象楼洗手水循环冲厕所设计与研究”“ 水悠悠,校青青——校园植物灌浇用水转化研究”“我们身边的遗传现象”“农药对水生生物的影响”等等。

日常生活中选题。开展社会实践活动中都会碰到很多问题,选取学生热切关注的话题,通过加工和提炼都可以成为课题。比如:以如何保护眼睛或预防近视眼为课题。

自然环境中选题。选择社会和自然环境的热点问题,可以使同学们更好地走向社会,贴近生活和自然,培养同学们的社会责任感和使命感。

比如:“水葫芦泛滥与生物入侵”“××河段水污染调查与防治对策研究”“××水资源的调查报告”“××水库环境的保护及旅游展望”“××区农业废水中农药的调查与降解建议”“小水螅体硬珊瑚人工同养水环境探究”“噬菌体——污水中病原微生物的克星”。

传统文化中选题。一方水土养育一方人,作为地方学子,应该真诚关注本土文化传统中积累的深厚资源,在保护与开发利用方面有许多问题值得去探究和思考。

比如:“寻找碧水蓝天——北碚区水环境现状与污水处理初探”“缙云山泉水家庭处理方法探究”“水质侦查员——马鞍溪利用生物检测水质的实践活动”“还北碚一条清亮的腰带——龙凤溪水质污染调查研究”“关于工厂废水的综合治理与利用及电致变色检测”等等。

2.从个人经历中寻找问题

个人经历和经验是我们观察各种事物、理解各种现象的基本视角,在观察之余我们要勤于思考,调整思维的方向,才可能从熟悉的事物中发现原来看不到的问题。观察和理解社会现象,要尊重客观事实,时刻保持一颗好奇心,多运用发散思维、逆向思维、质疑思维等方式,有助于发现问题。

3.从现有文献中寻找问题

作为调查研究课题的想法、灵感和火花,常常可以从学术著作、论文和教科书的内容中,从报纸杂志的文章和标题中,以及从学习笔记和谈话记录中采摘到。从专家、父母、邻居的研究课题中寻找子课题。确定研究专题(项目)的同时,还可以向科学家、专家、父母、邻居请教。他们经验丰富,知识渊博,熟悉本门学科的现状和前沿,他们知道自己研究的领域内亟待解决的问题。向他们咨询或者直接申请做他们的子课题,这样可以获更多启迪,学到更多的知识。

(二)问题转化为调查研究的选题

有了问题之后,我们要使问题转化为调查研究的选题,需要遵循一定的原则,并规避选题的误区。

科学性原则。所选的课题必须有一定的理论依据和事实基础,要符合人类认识和事物发展的基本规律。选题的科学性可保证课题研究方向的正确性,同时也有助于研究者自身养成良好的科研意识、态度及思维方式。

价值性原则。所开展的调查研究能对社会实践及科学发展产生作用和影响，一方面指经过实际研究才能得出研究结果，另一方面指研究应具备理论或应用价值。

可行性原则。从主客观条件两个方面考虑选题的可行性，即是否具备开展研究的条件，一方面要求研究问题要具体、明确，另一方面要求研究问题大小合适、难度适中。

创新性原则。调查研究贵在创新，要能提出新的观点、理论、见解、学说，创出“新意”。当旧理论无法合理解释所面临的问题时，就会被新的理论所取代。这一修改和创新过程循环往复，才使科学不断发展。

三、调查研究资料收集方法

（一）文献研究法

文献研究法即通过查阅相关文献来获得调查信息的研究方法，是在他人劳动成果的基础上进行的调查，是获取知识的一种捷径。

在开展调查研究之前同学们可以通过对文献的调查，探寻研究对象的发展趋势或演变过程，了解研究现状、研究工具和研究方法，在此基础上创新研究视角、研究方法等，可以用更少的人力、经费和时间，获得比其他调查方法更多的信息。因而，它是一种比较高效的调研方法。

（二）问卷调查法

用书面形式间接搜集研究材料的一种调查手段。通过向调查者发出简明扼要的征询单（表），请示填写对有关问题的意见和建议来间接获得材料和信息的一种方法。

开展问卷调查前，学生要明确活动的目的、任务和方法；为保证安全，可以以小组或家庭为单位进行调查，或者选择发送电子问卷。

优点：	缺点：
1.扩大调查范围，增加样本量。 2.有利于对调查资料进行系统的分析和研究。 3.通常情况下，问卷采取匿名方式，可以对较敏感或隐私问题进行调查。	1.对研究者的能力要求高，研究者需具备问卷设计和数据分析能力。 2.问卷回收率较低。 3.问卷问题不宜过多，只获得有限的书面信息。 4.信息收集有难度，反馈周期长，影响收集资料的时效；不适合文化程度较低的群体。

（三）访谈调查法

访谈调查法是通过有目的的与调查对象直接交谈来获取信息的方法，访谈要有一定的访谈提纲，有专门的主题，有一定的工具（如调查表）或辅助手段（如录音机，使用录音机事先一定要征得被访者同意），访谈主要是由被访谈者提供信息，调查者对被访谈者的语言或回答进行记录，并从中提取有用信息。

优点：	缺点：
1.可以展开深入调查。 2.获取信息丰富充裕。 3.调查方式多样灵活。	1.访谈标准不一，其结果难以进行定量研究。 2.在不当询问，或不能询问被访谈者的情况下，访谈就无法实施，也不能获取资料。 3.访谈过程耗时长、成本较高、隐秘性差。

（四）实地调查法

实地调查法就是调查者在现场通过观察获得直接的、生动的感性认识和真实可靠的第一手资料。但因该法所观察到的现象带有一定的偶然性，且受调查者主观因素影响较大，要花费较多调研时间，因此，不能进行大样本观察，需结合其他调查方法共同使用。

实践活动

学习完上述内容，同学们对调查研究已经有了初步的认识，下面我们来一起分析下谢同学的调查报告，检验我们的学习成果。

“微”观马鞍溪——抗生素残留对环境的影响研究

谢宇桢　西南大学附属中学　高2021级

为了解抗生素残留及它对环境造成的影响，选择马鞍溪为调查对象，调查湿地公园上下游在不同时间水底淤泥中的抗生素耐药菌种类及数量变化。通过定期采样、检测，加入含有抗生素的培养基培养，在湿地公园上下游都分离得到抗生素耐药菌，证实马鞍溪确实存在抗生素残留的现象，并利用光合细菌标记基因之一*puf*M，研究了抗生素残留对光合细菌群落结构的影响。同时，发现马鞍溪湿地公园下游细菌种类和丰度都明显高于上游，推断马鞍溪湿地对抗生素净化起了一定作用。通过筛选水环境中的抗生素耐药菌及监测水环境中光合细菌的种群数量，从而推断抗生素残留对微生物群体结构的影响及对环境的影响，为抗生素污染控制研究提供一定参考依据。

通过此次调查研究，深刻理解和体会到保护生态环境的重要意义。建议倡导每个公民积极了解抗生素知识，合理使用抗生素；医务工作者重视病原筛查，有针对性地使用抗生素并规范控制用药剂量；药房执业药师充分发挥合理用药的指导作用，按照国家规定严格执行处方药销售规定，控制出售抗生素；相关高校、职业院校加强对从业医师的培训和考核。期待在不久的将来,通过我们对身边河流的保护行动可以影响激励更多的青少年争当"小河长",共同保护当地的水环境,将书本知识融入自然、融入实践,让保护母亲河成为每个人的自觉意识和行动;影响更多人关注环境保护并积极参与到环境保护的行动来。美丽中国,我们都是行动者。

请同学们结合材料思考以下问题。

1.上述活动探究的问题是什么?

2.研究该问题的意义是什么?

3.谢同学是如何开展调查研究的,过程中运用了哪些研究方法?

调查与实践

1.列出3项你最近在学习、生活中观察到的问题或者现象。

2.查阅资料、小组讨论,确定调查研究的课题名称,回答如下问题。

(1)我们选择该课题的原因是什么(所选课题的研究价值)?

(2)研究选题是否有人研究过?他人所做研究目标、范围、对象、方法是什么?

3.根据小组确定的研究题目,选择数据收集方法,并说明为什么。

观察到的问题或者现象	
确定调查研究的课题名称	选题原因: 文献梳理:
数据收集方法	

职业探索

了解与调查与分析相关的专业

调查与分析专业是国民学历教育系列中首次开设的一个崭新的专业,是应用型本科专业,主要是培养具有信息采集能力和信息分析能力的复合型、应用型高级人才。调查与分析专业中的知识在很多行业中都能应用,尤其是大型的企业。

思考与交流

学完本节内容你最大的收获是什么，你会就哪些问题与同学或者老师展开讨论？

第二节　如何开展调查研究活动

学与问

中学生开展调查研究的基本流程是什么？开展调查研究需要做哪些准备工作？

调查研究是一项严谨又复杂的工作，需要同学们按照规定的流程和要求开展相关工作。一般来说，中学生开展调查研究的流程主要包括确定问题分析文献、设计方案调研准备、开展调研分析数据、得出结论汇报成果四个步骤。下面主要探讨调查研究的四个步骤。

一、确定问题　分析文献

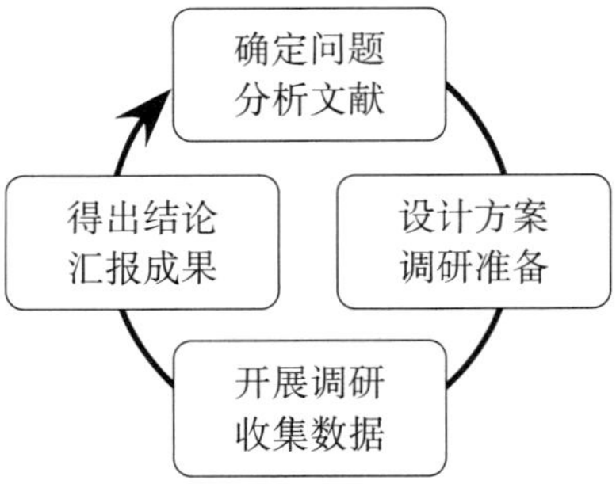

正如上一节所讲，研究选题是我们思考问题的起源，要保持对问题的关注度和敏感度，选题决定了研究的内容、范围和方向，以及研究意义的大小，可以说是研究中最为关键的步骤之一。

在选择好调研问题之后，我们就要围绕研究问题进行文献检索和分析。梳理他人的观点和已有的研究发现，形成自己对研究问题的概览，进一步分析所检索到的文献，筛选出还有哪些问题值得进一步探索，在他人研究基础上，做出自己的独特贡献。需要注意在检索文献时选取权威性文献，注意查对原文，核实信息，引用文献需注明文献来源。

二、设计方案　调研准备

（一）制定调查方案

制定调查方案是开展调研活动的前提，保证调查研究具有明确的方向和目标，保证研究步骤有序化。同学们要在理论和实践经验积累基础上，明确研究问题，分析并找到解决问题的突破口，制定调研活动方案。调查方案内容包括确定调查题目、阐明调查目的、分解研究内容、确定研究对象及方法(选定调查单位、规定调查规模、研究调查对象、说明调查方法、编写调查提纲)、成员组成及分工(拟定调查顺序和时间安排、对课题组成员明确分工)。

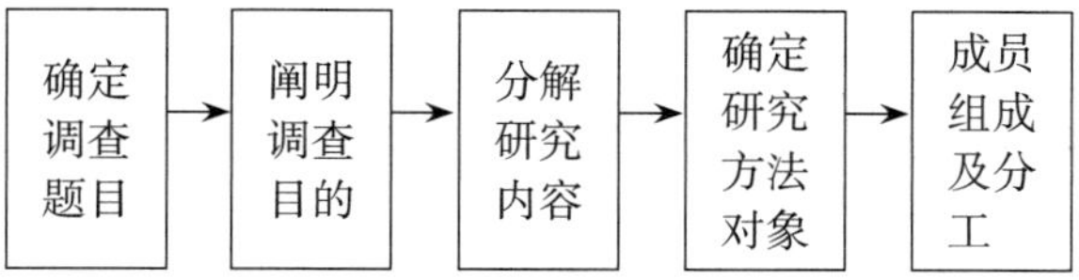

•调查题目应该简洁明了,表述准确规范。

•调查目标能够指明活动的方向,让参与活动的学生明确调研活动具体要做什么,去什么地方开展调研等。可以先指出现实中存在的问题,为何需要去研究,去解决,本研究有什么实际作用。之后,可以写理论和有学术价值的报告研究。

•根据调查目标确定研究的内容,相对研究目标来说,研究内容要更具体、明确。可以是通过几方面的研究内容实现一个研究目标,不一定是一一对应的关系。同学们要学会把课题进行分解,一步一步地去做。

•研究方法通常是科研常用方法,是指解决问题的具体做法,要根据研究内容确定研究方法,要具备可操作性。

•调查研究组应包括小组组长、组员、指导教师以及其他辅助人员,如学生家长等。方案中要明确每个人所承担的工作任务及责任。调查组内部要分好工,做好策划、组织、协调,以及经费和物质保障工作。

•开展自然调查,常常需要到野外调查,为了保证调查质量和同学们的安全,需做好准备工作。一是善用专家(教师)资源。我们的知识和能力水平有限,为了有效开展活动可以寻求专业人士帮助和指导;二是合理使用家长资源。家长可以保障后勤工作,为学生提供“自然探究”所需物质资料,同时,可以购置一些小材料和小工具,当学生不能独立完成时,父母可主动提出帮助,促成探究工作完成。此外,还应准备求救盒、药品和食物等必要物资。

三、开展调研　收集数据

户外调研具有一定的调研任务和目标,在调研过程中各调研人员需要在调研地点进行相关调研活动,调研人员需完成相应的任务和工作,确保调研活动的顺利完成。

(一)安全问题

野外工作，通常选取的调研地点是地形崎岖、人烟稀少之地，交通不便、环境恶劣，让调研人员面临着各种不确定风险和危害。调研人员的人身安全，是完成户外调研工作的前提条件。户外调研出发前，需要确保每位调研人员，都具备相关的知识。同时，对整个调研组进行包括交通、灾害、团队纪律等系统方面的安全教育。

(二)采样

户外调研活动往往需要采集样品进行相关分析。在水系或重砂的调研中，一般一二级水系采样容易一些，到三级水系、或二级水系的源头样品就比较难得。源头一般在沟头，经常无水，很少有沉积物残留，陡坡亦然。此时不妨寻找倒伏地面的大树，其树根上通常有砂子可作样品，或者寻找坡上的小洼坑也能找到少量砂子。

(三)坐标定位

调研活动中发现某些特别的地形或生物，需要对发现的地点进行坐标定位；同时采样地点也需要准确的定位，便于后期验证和对比。

(四)手工记录

野外手工记笔记和作图，是一种心手合一、行之有效的个性化表达方式。目前，野外调查数码设备先进，在调研过程中往往传统的手工记录方式会被忽略。户外调研需对每个调研点进行手工记录考察概况、特点和重点，勾绘专题图件。不能仅仅简单地用数码相机拍照代替，应用手工记录与勾绘方式，从专业视角表达。这些浸泡着雨水和汗水的记录材料，日后可以成为研究的一手资料，也为回忆这段考察提供了宝贵线索。

(五)“走马观花”

户外调研辛苦，在旅途中调研人员容易产生困意，而忽视了车外自然景观考察，这不利于户外调研工作，是非常大的损失，也是很遗憾的。户外调研的重要性在于身置自然环境中的亲自感受，去观察了解当地的地形特征、植被土壤、土地利用、河流形态、水质污染、水生物种类等实际情况。户外调研带来的这种第一感受，是我们了解自然、深入开展相关研究工作的基础，也是开展户外调研重要目的。

四、得出结论　汇报成果

户外调研的相关工作完成后，采样和相关的教学工作已完成。接下来是如何将户外调研的收获转化为调研人员的相关成果及户外调研活动反思，为后续的户外调研工作总结经验。

(一)及时总结

在调查研究过程中，每天都要做相应的总结，根据户外自然情况形成最新、最切合实际的认识，完成户外调研日记。根据最新户外调研得到的最新数据，分析相关事物要素基本特征，进而优化，形成调研结论。调查研究过程中，及时归档数据与调查记录，总结形成认识和共识，对仍有困惑或潜在研究新方向的同组内成员进行探讨。

(二)形成调研报告

调研报告应具有针对性、真实性、论理性、典型性和时效性，起到了解、剖析事物的本质及其发展趋向，对于解决问题具有积极的作用。调研报告是一种对某项工作、某个事件，经过深入细致地调查研究后，对调研的材料加以系统地整理、分析，揭示出本质，寻找出规律，总结出经验。户外调研报告可以帮助调研人员以文字的形式总结调研过程中的收获，将调研的结论形成文字纪要，升华调研成果，促进研究过程的深入。

(三)成果对接

户外调研活动开展前，应当规划好在调研过程中要得到的数据和需要验证的结论。制定相应的图表，根据活动开展前期规划所做工作，预先准备。在户外调研过程中，即可完成部分内容，等调查测试之后，便可以很快完成作品。避免调查研究漏项、漏测问题。这会提高户外调研与试验工作的计划性、目的性，提高户外考察质量，加强户外调研的成果输出。

实践活动

马鞍溪水体多粘菌素耐药菌耐药机制初步研究

谢雨桐　西南大学附属中学　高2020级

每天上学我们都会路过马鞍溪，溪水潺潺，泉流叮咚。马鞍溪是嘉陵江右岸一级支流，发源于缙云山脉，最终汇入嘉陵江，溪流最宽处约32米，最窄处不足1米。近年来，随着城市化进程加快，人类活动的加剧，区域内大量的生活废水、工业污水以及农业污水未经处理直接排入马鞍溪，致使溪流部分区域的水质严重恶化。全国像马鞍溪一样的河流有很多，我们每个人都有保护母亲河的义务，每个人应争当“小河长”。

但近几年，随着抗生素药物的滥用，越来越多的病原菌获得了抗生素抗性，特别是多药耐药菌株的出现，不仅对人类健康有着巨大威胁，对畜牧业兽医行业也具有较大影响。人类与细菌的战争围绕“抗药性”问题逐渐转入“持久战”的局面。因此，检测其水质中多粘菌素耐药菌株及耐药基因十分必要。

我们在马鞍溪湿地公园上游和下游两个河段分别采集水样和底泥样本。

在LB固体培养基中加入抗生素多粘菌素，将培养基均匀倒在培养皿中，凝固备用。稀释样品溶液，得到不同稀释度的样品溶液；分别吸取三种稀释度菌液，均匀涂于培养基表面的表面，置于37℃恒温培养箱中培养3天。

对纯培养菌落进行16S rRNA基因的扩增，挑取单菌落于PCR体系中进行扩增，凝胶电泳检测目的基因。从华大基因公司得到序列后，使用NCBI在线数据库进行序列对比，相似度均大于99%。

对细菌基因组进行mcr-1基因的扩增，凝胶电泳检测条带。然后，16S rRNA测序鉴定得到抗性菌株，16S rDNA是细菌的系统分类研究中最有用的和最常用的分子钟，存在于所有的生物中，其进化具有良好的时钟性质，分子大小适中，在结构与功能上具有高度的保守性，素有“细菌化石”之称。

通过PCR扩增和琼脂糖凝胶电泳检测，发现所获得的菌株中均不含多粘菌素耐药基因mcr-1，所以其可能是通过其他机制导致多粘菌素耐药，而不是传播性质粒。

多粘菌素被称为人类抵御革兰氏阴性菌感染的最后一道防线。该基因位于质粒上，可在物种间传播。马鞍溪湿地公园位于重庆市北碚区缙云山下，水质污染较为严重。希望我们的研究可以为环境中多粘菌素耐药菌株耐药机制的研究以及水污染的治理提供有价值的参考。

根据所学知识，分析材料

1.上述探究活动是如何一步一步开展的？

调查目标	
调查内容及对应的研究方法	第一步： 第二步： 第三步： ……

2.叙述开展调查研究前还需准备哪些工作。

调查与实践

根据小组确定的研究主题，制定实施方案，确定调研时间、经费和所需器材和设备。

根据学习到的知识自己动手制作救生盒。

职业探索

了解与项目管理相关的专业

项目管理专业是一个管理学分支的学科，指在项目活动中运用专门的知识、技能、工具和方法，使项目能够在资源限定条件下，实现或超过设定的需求和期望。项目管理，是为了完成一个特定任务或者目标而去计划、组织、鼓励员工，控制资源的一个过程或者活动。在有限的资源约束下，运用系统的观点、方法和理论，对项目涉及的全部工作进行有效地管理。

思考与交流

学完本节内容你最大的收获是什么，你会就哪些问题与同学或者老师展开讨论？

第三节　如何开展水项目调查研究

学与问

生活中哪些活动需要用到水？你家的用水量是通过什么方式记录的？

你知道什么是水污染吗？哪些活动会造成水污染？水污染如何检测？如何处理水污染问题？

通过学习，同学们已经初步掌握了开展调查研究的步骤和方法，相信很多同学都想尝试开展自己感兴趣的调查研究项目，本节内容向大家介绍水项目研究及水科技比赛，希望同学们积极参加，获得好的成绩。

一、项目选题

做好选题工作，项目就成功了一半。提出新的问题、新的可能性，以一个新的眼光去看待曾经的问题，需要一定的创造力、想象力，这才标志着科学真正的进步。

二、项目设计

完成项目选题和类型确认后，就应当着手项目的设计工作。项目设计要做好整个项目的规划、研究内容、对应任务的时间节点等工作，水科技项目涉及相应户外调研活动或宣传活动，更应当做好户外调研的准备工作，确保项目顺利进行。项目设计主要有以下部分：

1.项目规划

项目规划是从项目的现实情况出发，根据项目目标和时间进程确定相关的工作安排，规划实现项目目标所必需的各种准备工作。规划的过程有：

（1）查阅文献，收集相关信息，充分调研项目的背景、现状以及发展前景，为后续工作奠定理论基础。

（2）明确实现项目目标必须具有的能力，提前做好相应的准备，掌握一定的实验仪器和设备的操作技能。

（3）写出项目计划书和有关辅助文件。

2.研究内容

项目研究需要确认其研究内容的范围和深度，不同的研究范围和研究深度将确定项目的工作量。在水科技比赛的实际操作中，由于学生的时间精力和知识水平的限制，项目的研究深度要适中，不宜太深，研究范围不宜太广；但作为比赛，项目研究又必须具有竞争性，项目又不能过于浅显，且要具备一定的研究价值。因此，项目研究的内容和方向要充分斟酌，使项目既符合中学生阶段的研究水平，又能在比赛中取得一定的竞争优势。

3.对应任务的时间节点

项目设计过程中，项目研究者应当根据项目需求制定相应的时间轴，即对应任务的时间节点。时间轴的作用：首先，在项目管理的过程中，记录的时间就是对项目重要节点和项目进度的梳理，通过回溯之前的时间轴，项目组可以很直观的回顾项目全过程，以此修订项目计划和加强项目管理；其次，在项目完成后，在项目总结阶段，时间轴可以帮助项目研究者详细的回顾项目过程，各重要事件的时间节点、状态、解决方案、结论等，提醒项目研究者完成项目总结报告，提升项目研究者的管理水平。

4.任务分配

项目设计过程中，必须做好项目相关的任务分配，各司其职，众人拾柴火焰高，齐心协力，保证项目顺利完成。

合理的任务分配必须做好相关的统筹规划，注意团队之间相互协作，按照项目开展的逻辑顺序进行时间安排，有条理地进行相关准备。如安排哪些人进行项目背景调查等;安排哪些人进行相关实验仪器、设备操作的学习;安排哪些人进行项目的内容制定;安排哪些人完成具体的设计工作等。

三、项目实施

项目实施需按照项目设计方案进行,中间过程可以根据项目的需要进行适当的调整,但必须确保项目的时效性和完整性。项目实施主要有三大板块:

1. 调研工作

水科技项目调研的目的是调查某地区实际环境情况或水质情况。因此,调研人员需携带采集工具和收纳设备,由于调研过程中收集的标本数量较大,因而人员装备上要精简。重要的装备或仪器需进行特殊处理,既能起到保护作用,又方便使用。

开展户外调研时,还应当准备野外常用的药品、食物和救生盒等工具,确保调研过程的安全和调研目标的达成。

2. 设计制作作品或样品实验分析

设计制作作品或样品实验分析是水科技项目的重要步骤,是整个项目过程中最具有技术含量的一步。在取得相应地区实际的环境情况或水质情况后,就应当根据调研得到的数据,结合理论知识和相应的科学原理进行实验分析,解决项目预期解决的实际问题。

3. 成果展示

设计制作作品或样品实验分析完成后,需要对完成的作品进行实际验证和展示。如水科技发明类的作品应当展示其实际的工作过程和效果,项目研究者根据其展示效果进行调整和改进优化,确保作品的实用性;水资源调查类应当展示其调查结果,通过数据说明当前的问题并得出结论,为改善水环境保护措施提供数据支撑。

四、项目总结

水科技项目的作品制作和分析完成后,接下来是如何将项目的成果转化为调研人员的相关成绩,并进行项目总结,为后续的项目开展总结经验。

1. 形成项目报告

项目报告应具有针对性、真实性、论理性、科学性,起到了解、剖析事物的本质及其发展趋向,解决实际问题的积极作用。项目报告可以帮助研究者以文字的形式总结调研过程中的收获,将调研的结论形成文字纪要,升华调研成果,促进研究过程的深入,并参与相关的水科技比赛。

2.成果对接

项目开始前，应当规划好在项目进行过程中需要的数据和预期的结论。制定相应的图表，根据项目进行详细记录相关数据。在项目进行过程中，即可完成部分内容，等作品测试或实验分析完成后，便可以很快完成相关论文。

调查与实践

水是我们日常生活中的必需品，洗衣、做饭、打扫卫生等都需要使用水，家庭用水量通常用水表来计量。针对家庭用水情况，同学们可以设计调查研究活动。

小贴士

指针式水表抄读方法

第一步，先看千吨位，千吨位的指针在0和1之间，所以千吨位的读数为0；

第二步，再看百吨位，百吨位的指针在4和5之间，所以百吨位的读数为4；

第三步，再看十吨位，十吨位的指针在6和7之间，所以十吨位的读数为6；

第四步，最后看个吨位，个吨位的指针在1和2之间，所以个吨位的读数为1；

经过以上几步道后，最后我们就得出图中的水表数为461吨。

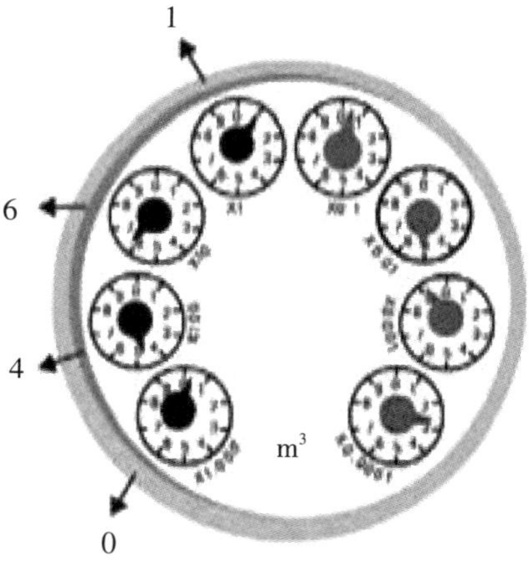

职业探索

了解与水质工程师相关的专业

水质工程师从事与水质研究相关的专业技术人员，主要工作是考察和研究水环境质量、评估水污染状况、解决水处理效率等问题。污水处理、市政工程、医药卫生等行业部门都需要水质工程师的参与。

水质工程师除了需要具备化学、环境、经济等学科的专业知识外，还需要具备高度的社会责任感、团队意识、创新意识及能力，是一项综合素质要求较高的职业。

后记

生涯教育校本课程对于学校在贯彻学生终身发展理念，体现办学特色，为学生提供个性化教育方面具有重要意义。开发和编写符合学校实际、满足学生发展需要的生涯教育校本教材非常必要。为落实素质教育精神，培养学生环保能力及可持续发展意识，体现学校环境教育优势，我们编写了《水科技与可持续发展》教材。

可持续发展理念最早是在1987年，由世界环境发展委员会主席布伦特兰夫人提出，其核心理念是社会、经济发展与保护生态环境协调一致，实现人类社会的可持续发展。我校的环境教育起始于二十世纪七八十年代，有深厚的历史积淀，经历几代西大附中人的传承，积累了丰富的实践经验。怎样继承和发扬前辈的宝贵经验是我们这一代附中环保卫士要思考的问题。环境教育校本教材的编写正是其中之一的探索，即利用校本课程丰富多样的形式，选择贴近生活的水环境保护综合实践活动，引导学生在学习环保知识之余，走进自然，在探索体验的过程中获得成长，以水环境教育为契机全面提升学生综合素质。

本教材共分五章，有18位教师参与具体编写工作。包含了解水生生态系统、入侵物种、水体主要污染源、几种水质监测及检测方法、水资源的综合利用等几部分内容，涉及环境化学、地理科学、人文学科、生物医药、污水处理新技术研发等现代环境与健康研究的多个学科内容。本教材将理论与实践结合，除了学习前沿新技术外，还有丰富的实践活动。在环境保护中仅依靠人力是不够的，还需要借助大数据、新仪器、新技术等，所以在相关章节中有涉及科技前沿探索的科学大视野板块。实践活动包括身边的水资源现状调查实践活动、校园周边水域入侵物种调查、节水发明活动等。本教材还有一个特色，以任务为引领，将知识性、实践性、趣味性相结合，不断激发学生的兴趣爱好，挖掘学生特长，将学科知识与生涯教育结合，培养学生的认知、合作、创新、职业发展等生涯意识。学生可自主选择课程，安排学习内容和学习时间，制订学习计划，在丰富的课程内容学习过程中感受学习的乐趣、体验自由探索的挑战。

为了保证这套生涯教育校本教材系列丛书的编写质量，学校成立了由校长、副校长组成的领导小组，成立了编写委员会及各本教材的编写小组，并明确责任到编写小组。编写小组采取分工合作的方式，以章节为单位，明确编写目标、内容，制订详细的教材编写方案及编写要求，完成教材的编写工作。

本次校本教材的编写是对编者基本素质的一次检阅和提升，为以后校本教材的编写和教学工作积累了宝贵的经验。由于编者水平有限，本书在编写过程中一定存在很多不足与疏漏，期待领导、专家、同行、读者批评指正，以便我们不断改进完善！